Von Feldherren
und Gefreiten

I0198675

Zeitgeschichte im Gespräch Band 2

Herausgegeben vom
Institut für Zeitgeschichte

Redaktion:
Thomas Schlemmer und Hans Woller

Von Feldherren und Gefreiten

Zur biographischen Dimension
des Zweiten Weltkriegs

Herausgegeben von
Christian Hartmann

R. Oldenbourg Verlag München 2008

Bibliografische Information der Deutschen Nationalbibliothek
Die Deutsche Nationalbibliothek verzeichnet diese Publikation in der
Deutschen Nationalbibliografie; detaillierte bibliografische Daten
sind im Internet über <http://dnb.d-nb.de> abrufbar.

2. Nachdruck 2013

© 2008 Oldenbourg Wissenschaftsverlag GmbH, München
Rosenheimer Straße 145, D-81671 München
Internet: oldenbourg.de

Gedruckt auf säurefreiem, alterungsbeständigem Papier
(chlorfrei gebleicht).

Satz: Medienwerkstatt Dieter Lang, Karlsruhe
Gesamtherstellung: Books on Demand GmbH, Norderstedt

ISBN   978-3-486-58144-7
eISBN 978-3-486-57826-4

Inhalt

Christian Hartmann
Einleitung

Der Zweite Weltkrieg ist zeitlich längst in weite Ferne gerückt. Nach mehr als sechzig Jahren verblasst auch die persönliche Erinnerung, und von den Teilnehmern dieses Krieges bleiben – bestenfalls – Spuren: Bilder, Memoiren, Gräber, Orden, persönliche Dokumente, schnell vervielfältigte „Erfahrungsberichte" oder ungeordnete Konvolute an Feldpost, manchmal nur Namen und manchmal noch nicht einmal das.

Dagegen wächst das Interesse, das die Forschung den Menschen entgegenbringt, die den Zweiten Weltkrieg als Soldaten und Zivilisten, als Täter und Opfer, als Männer und Frauen oder als Kinder und Erwachsene erlebt haben. Der Krieg ist, wie man zu Recht festgestellt hat, die existentiellste Erfahrung des Individuums, und ganz offensichtlich besteht ein Bedürfnis, sich dieser Erfahrung zu vergewissern. Denn immer weniger Menschen können persönlich Zeugnis ablegen über diesen Krieg, selbst wenn diese globale Auseinandersetzung, die wie keine andere die Geschichte des 20. Jahrhunderts geprägt hat, im kollektiven Gedächtnis der Nationen nach wie vor zentrale Bedeutung besitzt. Dies gilt nicht zuletzt für Deutschland, von dessen Boden dieser Krieg im Zeichen imperialer Expansion und rassistischer Ideologie ausging.

Doch es geht nicht nur um Erinnerung. Mit der Debatte um die Ausstellung „Vernichtungskrieg. Verbrechen der Wehrmacht 1941–1944" rückte die lange vernachlässigte Frage nach den Akteuren auf allen Ebenen der militärischen Hierarchie, nach ihrer Motivation, ihrer politisch-sozialen Prägung, ihren Einflussmöglichkeiten und ihren Handlungsspielräumen ins Zentrum des Interesses – des wissenschaftlichen wie auch des öffentlichen. Und noch ein Punkt hat sich in den letzten Jahren verändert: Lange Zeit galt der Zweite Weltkrieg als „letzter Krieg"[1] oder zumindest – das hing vom nationalen Standpunkt ab – als „letzter großer Krieg"[2]. Mittlerweile

---

[1] So etwa Rolf-Dieter Müller, Der letzte deutsche Krieg 1939–1945, Stuttgart 2005.
[2] Vgl. hierzu das Filmbuch: Steven Spielberg/James David, Soldat James Ryan. Die Männer. Der Auftrag. Der Film, Nürnberg 1998, S. 2 ff.; dort wer-

ist jene Phase, die man als „Nachkriegszeit" bezeichnete, zu Ende gegangen. Autoren wie Karl Otto Hondrich vertreten sogar die Ansicht, nun sei „Wieder Krieg"[3]. Zweifellos ist das Risiko militärischer Auseinandersetzungen nach dem Ende des Kalten Krieges stark gestiegen. Auch das kann erklären, warum das Schicksal der Soldaten, die in den Jahren 1939 bis 1945 gegeneinander kämpften, wieder auf mehr Interesse stößt.

Nach über sechzig Jahren tut man sich freilich schwer damit, einzelne Personen in den Blick zu nehmen. Eine Überraschung ist das nicht, denn bei Armeen handelt es sich um Organisationen, die auf die Deindividualisierung ihrer Angehörigen angelegt sind. Die Dekonstruktion solcher Kollektive kann daher viele Probleme aufwerfen. Doch ändert das nichts daran, dass in jeder Uniform ein Mensch steckt – mit all seiner Unberechenbarkeit und Individualität. Ihn gilt es zu entdecken und seine Biographie im historischen Kontext zu analysieren.

Wie fruchtbar diese Perspektive sein kann, zeigen auch die Beiträge des vorliegenden Bandes. Sie sind das Ergebnis einer Tagung, die am 6. und 7. Oktober 2006 in München stattgefunden hat und vom Institut für Zeitgeschichte, dem Militärgeschichtlichen Forschungsamt und dem Deutschen Komitee für die Geschichte des Zweiten Weltkriegs mit dem Ziel veranstaltet wurde, eine vorläufige Bilanz unterschiedlicher individual- oder gruppenbiographischer Ansätze zu ziehen. So verschieden die Beiträge auch sein mögen, es verbindet sie doch eine Klammer: Sie alle beschäftigen sich mit Teilnehmern des Zweiten Weltkriegs, wobei die vielfältigen Lebensläufe anschaulich machen, wie eng Individuum und Struktur bisweilen verflochten waren, wie sehr eine Biographie aber gerade im Krieg auch von situativen Faktoren geprägt werden konnte. In einigen Beiträgen wird ebenfalls deutlich, wie weit die vielbeschworenen Kontinuitätslinien im „Zeitalter der Weltkriege" reichen, zumal diese 1945 nicht zwangsläufig abreißen, sich aber spätestens dann in einem veränderten Umfeld neu konstituieren mussten.

Ein Band wie dieser kann unmöglich Repräsentativität anstreben. Die relevanten Kategorien wie Nation, Geschlecht, Sozialisation, Alter, Funktion oder Rang sind einfach zu zahlreich. Von den vielen Mustern, welche die Erfahrung des Zweiten Weltkriegs prä-

---

den im Stile eines Trailers einige Bilder dieses Films präsentiert, jeweils unterlegt mit den Worten: „Während der letzten großen Invasion.../Des letzten großen Krieges.../Für acht Männer war die größte Gefahr.../...die Rettung eines anderen."
[3] Karl Otto Hondrich, Wieder Krieg, Frankfurt a. M. 2002.

gen konnten, wurden hier bewusst die militärischen hervorgehoben. Denn die Bedeutung, die das Kollektiv der Armee und dessen spezifische Ordnung für das Schicksal seiner Angehörigen besitzt, ist denkbar groß. Nicht selten entscheidet schon das hierarchische System der Dienstgradgruppen, welche Rolle der Einzelne im Krieg spielt. Das hat beträchtliche Folgen, auch für die Historiographie. Über einen Generalfeldmarschall finden sich meist mehr Quellen, seine vita lässt sich in der Regel viel präziser schildern als die des einfachen Mannes, dem nicht zufällig auch die Rolle des unbekannten Soldaten zufiel.

Die Gliederung dieses Bandes sucht, diesem Muster Rechnung zu tragen: militärische Elite (erster Teil), Truppenführer (zweiter Teil) und schließlich die große Masse der einfachen Soldaten (vierter Teil). Lediglich der dritte Abschnitt fällt hier heraus, er beschäftigt sich mit einer Frage, die während der vergangenen Jahre viel Aufmerksamkeit erfahren hat: die Frage nach dem Verhältnis von Krieg und Verbrechen. Da Verbrechen nicht nur Extremformen des Krieges darstellen, sondern ganz allgemein Extremformen menschlichen Handelns, scheint hier der biographische Ansatz besonders wichtig. Hinzu kommt, dass die simple Dichotomie von Tätern und Opfern vielfach nicht der Realität des Krieges entspricht, die sich oft als komplexer erweist, als man dies auf den ersten Blick vermutet hätte. Mit Darstellungen, die sich allein an Strukturen orientieren, lassen sich solche Grenzzustände jedenfalls nur schwer beschreiben.

Die Beiträge dieses Bandes sind auch Beispiele dafür, wie viel die biographische Forschung schon beigetragen hat, um unsere Kenntnisse über den Zweiten Weltkrieg zu erweitern, wie viele Quellen oder Personen sie bereits entdecken und wie sehr sie ihre Methoden verfeinern konnte. Der Größe dieses Themas wird das längst nicht gerecht. Doch geht es nicht nur um die Schließung einiger Wissenslücken, sondern auch um die Erinnerung an den Krieg, nicht an irgendeinen, sondern speziell an diesen. Denn mit dem Verschwinden der Erlebnisgeneration wird sich die Frage stellen, ob sich nicht auch ein gesellschaftlicher Konsens auflöst, der auf dem persönlichen Erlebnis dieses Krieges basierte. Dieser Konsens hat nach 1945 dazu beigetragen, den Frieden zu sichern. Schon deshalb griffe eine Rezeption des Zweiten Weltkriegs, die sich nur noch als eine wissenschaftliche definieren würde, entschieden zu kurz. Erinnerung scheint wichtiger. Und wo könnte dies besser gelingen als am Beispiel des einzelnen Menschen?

Mein Dank gilt dem Vorstand des Deutschen Komitees für die Geschichte des Zweiten Weltkriegs, Prof. Dr. Rolf-Dieter Müller (Potsdam), Prof. Dr. Sönke Neitzel (Mainz) und Dr. Andreas Hilger (Hamburg) sowie der Leitung des Instituts für Zeitgeschichte, Prof. Dr. Dr. h.c. mult. Horst Möller, Prof. Dr. Udo Wengst und Ingrid Morgen, die diese Tagung erst ermöglicht haben. Ich danke auch Dr. Hans Woller und Dr. Thomas Schlemmer, die mich nicht nur bei der Betreuung dieses Bandes unterstützt haben. Saskia Hofmann müsste man den Oscar für die besten Hilfskräfte verleihen, wenn es ihn denn gäbe. Agnes Bresselau von Bressensdorf und Lenya Meislahn haben sich durch ihre Arbeit an den Manuskripten verdient gemacht. Dank schulde ich schließlich meiner Familie und nicht zuletzt auch Martina Seewald-Mooser, ohne deren aller Zuspruch und Rückhalt dieses Buch kaum entstanden wäre.

Johannes Hürter
Was ist ein „Nazi-General" – und wie wird man dazu?
Probleme und Ergebnisse einer Gruppenbiographie deutscher Heerführer im Zweiten Weltkrieg

1. Vom Nutzen und Nachteil einer Gruppenbiographie für die Geschichte der Wehrmacht im NS-Staat

Nach dem Krieg waren „die" Nationalsozialisten immer die anderen – und von diesen waren die meisten tot oder sonstwie verschwunden. „In den ersten Tagen [der Besatzungszeit] konnte man keinen einzigen Nazi in Deutschland finden", bemerkte der amerikanische Geheimdienst sarkastisch[1]. Auch in der Heeresgeneralität gab es so gut wie keine Nationalsozialisten mehr. Nimmt man zum Beispiel die 25 Spitzenmilitärs, die vom Feldzugsbeginn am 22. Juni 1941 bis zum Sommer 1942, also im richtungweisenden ersten Jahr, die deutschen Heeresgruppen und Armeen im Krieg gegen die Sowjetunion befehligten, so lässt sich aus dem Blickwinkel der frühen Nachkriegsjahre die folgende politisch-moralische Dreiteilung konstatieren[2]:

– Neun dieser namhaften Generäle waren bei Beginn des Nürnberger Prozesses im November 1945 nicht mehr am Leben, unter ihnen – und das war die erste Gruppe – alle, denen man nun um so leichter nachsagen konnte, sie seien nationalsozialistisch oder zumindest parteinah gewesen: Eugen Ritter von Schobert, Walter von Reichenau, Eduard Dietl, Walter Model und Ernst Busch.
– Die zweite Gruppe bestand aus den Verstorbenen, die in irgendeinen Zusammenhang mit dem Staatsstreich vom 20. Juli 1944 gebracht wurden, in erster Linie natürlich die hingerichteten

---

[1] Notizen des OSS von einer Reise durch das besetzte Deutschland, Anfang April 1945, zit. nach Ulrich Herbert, Wer waren die Nationalsozialisten? Typologien des politischen Verhaltens im NS-Staat, in: Gerhard Hirschfeld/Tobias Jersak (Hrsg.), Karrieren im Nationalsozialismus. Funktionseliten zwischen Mitwirkung und Distanz, Frankfurt a.M./New York 2004, S. 17–42, hier S. 19.
[2] Die folgenden Überlegungen stützen sich auf meine gruppenbiographische Studie: Johannes Hürter, Hitlers Heerführer. Die deutschen Oberbefehlshaber im Krieg gegen die Sowjetunion 1941/42, München 2006.

Widerstandskämpfer Erich Hoepner und Carl-Heinrich von Stülpnagel, aber auch Fedor von Bock und Günther von Kluge, deren
engste Mitarbeiter im Stab der Heeresgruppe Mitte die stärkste
Zelle der Militäropposition gebildet hatten – Kluge hatte dies das
Leben gekostet.
– Und die dritte Gruppe, die Übriggebliebenen, die 16 Generäle,
die den Krieg überlebt hatten[3]? Konservative, meist preußische
Offiziere, die dem NS-Regime fern gestanden, die nur aus patrio-
tischem Pflichtgefühl mitgemacht hatten, freilich nur bis zu einer
bestimmten Grenze, die dann – teilweise – zu Unrecht von der
„Siegerjustiz" verurteilt und zu Recht frühzeitig amnestiert worden waren. Auch sie eher Opfer als Täter, auf jeden Fall keine
„Nazis" – und, nebenbei bemerkt, auch ganz betont keine Widerstandskämpfer, denn das war zunächst ebenso wenig opportun.
Soweit die damals vorherrschende Selbststilisierung und Außen-
wahrnehmung. Dieses Bild wirkte lange nach und war bezeichnend
für die Perzeption des NS-Staates in der Bundesrepublik. „Die" Nationalsozialisten, das waren in erster Linie Hitler, seine Paladine
und einige fanatische Funktionäre, darüber hinaus vor allem „aso-
ziale" Schlägertypen und verführte Idealisten, die für ihren Irrtum
häufig mit dem Leben bezahlt hatten. Der riesige Rest war höchstens „verstrickt", aber in der Regel dennoch „anständig" geblieben
– wie eben die Überlebenden aus dem Sample der 25 Oberbefehlshaber, von denen die meisten kräftig an dieser Legende mitwirkten.
Dass ihre Meinung teilweise bei deutschen und alliierten Behörden,
etwa bei der amerikanischen Historical Division[4], gefragt war, schien
ihre „Unschuld" zu bestätigen. Auch die Geschichtswissenschaft
wagte zunächst nicht, dagegen anzuschreiben; später folgte wissen-
schaftsgeschichtlich die Vorherrschaft der „menschenleeren Struk-
turgeschichte". Nach sporadischen Ansätzen in den 1960er und
1970er Jahren trat erst Anfang der 1980er Jahre eine Trendwende
ein, die sich in den letzten zehn Jahren, vor allem in der Holocaust-

---

[3] Nikolaus von Falkenhorst, Heinz Guderian, Gotthard Heinrici, Hermann
Hoth, Ewald von Kleist, Georg von Küchler, Wilhelm Ritter von Leeb, Georg
Lindemann, Erich von Manstein, Friedrich Paulus, Hans-Georg Reinhardt,
Gerd von Rundstedt, Richard Ruoff, Rudolf Schmidt, Adolf Strauß, Maxi-
milian Freiherr von Weichs.
[4] Vgl. Bernd Wegner, Erschriebene Siege. Franz Halder, die „Historical
Division" und die Rekonstruktion des Zweiten Weltkrieges im Geiste des
deutschen Generalstabes, in: Ernst Willi Hansen/Gerhard Schreiber/ Bernd
Wegner (Hrsg.), Politischer Wandel, organisierte Gewalt und nationale
Sicherheit. Beiträge zur neueren Geschichte Deutschlands und Frankreichs,
München 1995, S. 287–302.

forschung und in der wissenschaftlichen Diskussion um die „Verbrechen der Wehrmacht" endgültig durchgesetzt hat. Die Täter bekamen Namen und waren längst nicht nur Partei- oder SS-Leute.

Dies ist nicht neu, und die grobe Kategorisierung in „Nazis", „Widerständler" und in das Paradoxon der „verstrickten", aber nicht beteiligten großen Mehrheit ist längst überholt. Die Teilidentitäten und Affinitäten, die sehr viele Deutsche und gerade auch die konservativen Eliten mit dem Nationalsozialismus verbanden, sind inzwischen gut erforscht. Indem das namentlich bekannte Personal des NS-Regimes so enorm viel größer geworden ist, sind freilich auch die Möglichkeiten zur Differenzierung und gleichzeitig zur Verallgemeinerung erheblich gewachsen. Wenn die Übergänge so fließend, die Gemengelagen zwischen Ideologen und Technokraten, Tätern und Mitläufern so unübersichtlich sind, waren dann nicht alle „Nazis"? Auf die hier angestellten Überlegungen und ihre bewusst provokante Überschrift bezogen heißt das: Waren dann nicht alle Generäle „Nazi-Generäle"? Oder genauso gut: niemand?

Natürlich sind solche Aussagen höchst unbefriedigend. Denn eines hat sich gegenüber den unmittelbaren Nachkriegsjahren nicht geändert: Wenn es um das NS-Regime und seine Verbrechen geht, dann wünschen sich die meisten insgeheim nach wie vor klare, einfache Antworten, die zwischen Gut und Böse eine deutliche Trennlinie ziehen. Diese Erfahrung konnte auch der Verfasser immer wieder machen, wenn er sein Projekt einer Gruppenbiographie der Oberbefehlshaber an der Ostfront 1941/42 vorstellte. Wiederholt wurde dann selbst von erfahrenen Historikern gefragt: Wer von diesen 25 prominenten Generälen war „dafür", wer „dagegen"? Dabei erwarteten die Fragesteller häufig nur eine Bestätigung dessen, was sie ohnehin schon zu wissen glaubten: Auf der einen Seite waren die Bösen, die Reichenaus, auf der anderen Seite die Guten, die Stülpnagels, und dazwischen die große Masse, die irgendwie dabei war und irgendwie auch nicht, die man daher entsprechend differenziert betrachten muss.

Damit kommen wir zu den methodischen Problemen einer Kollektivbiographie. Zunächst das Quellenproblem: Zu manchen Generälen liegt viel vor, zu anderen wenig, für den einen sind nur dienstliche Akten überliefert, für den anderen darüber hinaus Briefe, Tagebücher, Erinnerungen. Dann der Faktor Bearbeitungszeit: Man kann für eine Monographie unmöglich das Material von 25 biographischen Einzelstudien zusammentragen und verarbeiten, muss also auch in dieser Hinsicht deutliche Abstriche machen. Die Ausweitung der Perspektive auf eine größere Personengruppe führt also ebenfalls gleichermaßen zur Differenzierung wie zur Verallgemeinerung. Genauer gesagt: Der Vergleich bietet den Vorteil, ein größeres Spektrum individuellen Handelns zu erfassen. Die ausgedehnte, aber unausgeglichene Quellenbasis zwingt dagegen auch zu Analogieschlüssen, zum Mut, etwas als symptomatisch herauszuarbeiten und damit von der Mikro- zur Makroebene zu gelangen. Diese Stärke und gleichzeitig Schwäche des gruppenbiographischen Vorgehens lässt einen im Urteil zunächst vorsichtiger werden, als wenn man sich nur auf eine einzelne Persönlichkeit konzentriert.

Doch sollte sich der Historiker auch in diesem Fall darum bemühen, zu klaren Ergebnissen zu kommen und nicht nur zu differenzieren, sondern auch dezidiert zu argumentieren. Und wenn man eine Beteiligung an Kriegs- und NS-Verbrechen feststellt, dann ist das eben zunächst und vor allem eine sachliche Feststellung und kein moralisches Urteil. Das wird leider immer noch häufig verwechselt, besonders dann, wenn die sachliche Feststellung den überkommenen Einordnungen in Gut und Böse widerspricht.

Um das zu illustrieren, soll aus den hier vorgestellten Gruppen jeweils ein General herausgegriffen werden, entsprechend den drei genannten Rastern, die wissenschaftlich überholt sind und doch in den Köpfen hartnäckig nachwirken: der „Nazi-General" Walter von Reichenau, der Widerstandskämpfer Carl-Heinrich von Stülpnagel und für die dritte Gruppe Hermann Hoth, über den man bisher wenig mehr wusste, als dass er ein „schneidiger Panzergeneral" war. Alle drei führten 1941 Armeen im Bereich der Heeresgruppe Süd.

2. Fallbeispiele

Zu Reichenau muss man wohl wenig sagen. Er stand schon vor 1945 im Ruf, ein „politischer Soldat" und Günstling Hitlers zu sein, und daran hat sich bis heute wenig geändert. Im Gegenteil: Seine historische Erscheinung ist dadurch, dass in der Debatte über die Wehrmachtsverbrechen fast gebetsmühlenartig auf die schreckliche Geschichte von den mit seiner Zustimmung ermordeten jüdischen Kindern von Belaja Cerkov und den so genannten Reichenau-Befehl vom 10. Oktober 1941 verwiesen wird, geradezu ins monströs Verbrecherische gewachsen. Reichenau liefert gewissermaßen den negativen Maßstab, an dem andere Militärs gemessen werden. Dass es noch eine andere Seite Reichenaus gab, die eines progressiven, sozial aufgeschlossenen und unangepassten Offiziers, der keineswegs immer „dafür" war und beispielsweise im Polenfeldzug gegen Judenerschießungen protestierte, droht daneben völlig unterzugehen. Die demnächst zu erwartende Biographie von Timm C. Rich-

ter wird ein viel genaueres Bild dieser facettenreichen Person zeichnen, als das in einer gruppenbiographischen Studie möglich ist. Der
hier vertretene Ansatz bietet aber immerhin die Möglichkeit, seine
angeblich solitäre Stellung durch den Vergleich mit anderen Generälen zu überprüfen.

Etwa mit Stülpnagel, dem „Soldaten, Philosophen, Verschwörer",
wie er im Untertitel der bisher einzigen, leider hagiographischen
Biographie genannt wird[5]. Sein entschlossenes Eintreten für den
Staatsstreich am 20. Juli 1944 in Paris und sein bitteres Ende haben
ihn mit der Aura des unantastbaren Helden umgeben. Die Zeugnisse über seine Geistes- und Gesinnungsgröße sind so zahlreich,
dass wir nicht an ihnen zweifeln müssen. Also ein „Anti-Reichenau",
auch in der besonderen Situation des Ostkriegs? Die Auswertung
der Akten, auf die sein Biograph Heinrich Bücheler gern verzichtet
hat, verringert die Distanz zwischen den beiden, übrigens befreundeten Generälen doch erheblich – zumindest für diese nicht unwesentlichen Monate, in denen sich ihre Armeen Seite an Seite in die
Ukraine vorkämpften. Stülpnagel war offensichtlich Antisemit und
von der unheilvollen Verbindung zwischen „Judentum" und „Bolschewismus" überzeugt. Schon 1935 hatte er als Leiter der Abteilung „Fremde Heere Ost" das „spitzelhafte Verhalten und Treiben
der meist der jüdischen Rasse angehörenden unteren Politiker" der
Roten Armee gebrandmarkt[6].

Auch 1941 waren für ihn die sowjetischen Juden die Stützen des
stalinistischen Regimes, die es gezielt herauszuschlagen galt. Daher
lenkte Stülpnagel in mehreren Befehlen die repressiven Maßnahmen der Wehrmacht auf den jüdischen Bevölkerungsteil[7]. Zugleich
empfahl er den vorgesetzten Behörden nachdrücklich eine bessere
„Aufklärung über das Judentum", um das Verständnis für die antijüdischen Aktionen zu vergrößern. Mit seinem Kurs, die Juden als
Sicherheitsrisiko und „Sündenbock" zu behandeln, begünstigte er
den Judenmord – auch wenn offen bleiben muss, in welchem Ausmaß er diesen Gegner ausgeschaltet wissen wollte. Allemal auffällig
bleibt aber, wie gut sein Armeeoberkommando mit dem Einsatzkommando 4 b zusammenarbeitete. Die großen Pogrome in der

---

[5] Vgl. Heinrich Bücheler, Carl-Heinrich von Stülpnagel. Soldat, Philosoph,
Verschwörer. Biographie, Berlin/Frankfurt a.M. 1989.

[6] Denkschrift Stülpnagels: „Fragen des Offiziers- und Unteroffizierskorps
der Roten Armee" vom 10. 5. 1935, zit. nach Hans-Heinrich Wilhelm, Die
„nationalkonservativen Eliten" und das Schreckgespenst vom „jüdischen
Bolschewismus", in: ZfG 43 (1995), S. 333–349, hier S. 344.

[7] Zum Folgenden vgl. Hürter, Hitlers Heerführer, S. 570–575; dort auch die
genauen Belege.

Westukraine – Lemberg, Zloczov, Tarnopol, um nur die schlimmsten zu nennen – fanden im Operationsgebiet der 17. Armee statt. Nach den Akten des Reichssicherheitshauptamts hatte das Oberkommando Stülpnagels von sich aus angeregt, „zunächst die in den neu besetzten Gebieten wohnhaften anti-jüdisch und anti-kommunistisch eingestellten Polen zu Selbstreinigungsaktionen zu benutzen". Außerdem übertrug das Armeeoberkommando der Sicherheitspolizei wiederholt die Aufgabe, für Sabotageakte Vergeltung zu üben, etwa in Krementschug, wo 1 600 Juden ermordet wurden. Bemerkenswert ist auch, wen die Armeeführung ihren Truppen am 7. September 1941 als „Verdächtige" nannte, gegenüber denen man vor Härten nicht zurückschrecken dürfe: „Juden beiderlei Geschlechts und jeden Alters". Das war kurz nach dem Übergang vom selektiven zum totalen Judenmord bei der Heeresgruppe Süd durch das Massaker von Kamenez-Podolsk[8].

Die Beispiele zeigen, dass von einem mäßigenden Einfluss Stülpnagels auf die Behandlung der Juden in seinem Armeegebiet keine Rede sein kann. Im Gegenteil: Der Wortlaut seiner Befehle deckte, ja förderte die antijüdischen Aktionen und die entsprechenden Initiativen seiner Mitarbeiter. Wenn in Stülpnagels Befehlsbereich letztlich weniger Juden umgebracht wurden als in den Operationsgebieten anderer Armeen, ist das darauf zurückzuführen, dass die 17. Armee nach Lemberg keine Großstädte mehr eroberte. Erst nach seiner Abberufung von der Ostfront Anfang Oktober 1941, in Paris, unter ganz anderen Bedingungen und Einflüssen, wurde er zum Widerstandskämpfer und Gegner der Vernichtungspolitik gegen die französischen Juden. Von seiner Haltung 1944 auf seine Haltung 1941 zu schließen, ist ein anachronistischer Trugschluss, wie er in der Widerstandsforschung leider häufig anzutreffen ist.

Stülpnagels Nachfolger bei der 17. Armee war Hermann Hoth. Auch in der Biographie dieses Generals lassen sich im Nachhinein einige Belege für eine regimeferne Einstellung finden. Ein Kronzeuge wäre etwa Hitler selbst, der Anfang Januar 1944 gegenüber General Hermann Reinecke beklagte[9]: „Am schlimmsten ist es – das kann man ruhig aussprechen – bei der Armee Hoth, wo Hoth im Beisein der Generäle dauernd die ganzen weltanschaulichen Maß-

---

[8] Vgl. Klaus-Michael Mallmann, Der qualitative Sprung im Vernichtungsprozeß. Das Massaker von Kamenez-Podolsk Ende August 1941, in: Jahrbuch für Antisemitismusforschung 10 (2001), S. 239–264.

[9] Besprechung Hitlers mit General Reinecke am 7.1.1944, in: Gerhard L. Weinberg, Adolf Hitler und der NS-Führungsoffizier (NSFO). Dokumentation, in: VfZ 12 (1964), S. 443–456, hier S. 448.

nahmen kritisiert hat." Einen Monat zuvor war Hoth seines Kommandos enthoben worden. Also, wenn schon kein Widerständler wie Stülpnagel, so doch ein verkappter Oppositioneller, ein typisches Beispiel für die Haltung der meisten konservativen Generäle, die nur ihre Pflicht als Soldaten taten? Diese mögliche Einschätzung wird konterkariert durch seinen bekannten Befehl in Nachfolge des noch bekannteren „Reichenau-Befehls", in dem Hoth am 17. November 1941 ebenfalls die „Ausrottung" der „jüdischen Menschenklasse" in der besetzten Sowjetunion rechtfertigte und dabei das Vorbild fast noch übertraf. War das nur die einmalige Entgleisung eines sonst eher „maßvollen" Generals? Dagegen spricht, dass der Judenmord bei der 17. Armee auch unter Hoth so reibungslos wie zuvor mit Billigung und Unterstützung der Militärverwaltung vollzogen werden konnte[10]. Die jüdische Bevölkerungszahl war weiterhin deutlich geringer als bei der 6. Armee Reichenaus, doch die jüdischen Gemeinden, die es gab, etwa im Donezbecken, wurden ausgelöscht. Auch hier schrumpft der Abstand zu Mentalität und Handeln des „Gesinnungstäters" Reichenau bei näherer Betrachtung doch erheblich.

Der Fall Hoth ist noch aus einem anderen Grund interessant. Er war einer der ganz wenigen Spitzenmilitärs, die sich in den ersten Nachkriegsjahren – wenigstens den Alliierten gegenüber – recht offen über ihre Übereinstimmungen mit der nationalsozialistischen Politik und Ideologie äußerten. So gab er unter anderem zu, den „Kommissarbefehl" als notwendig akzeptiert zu haben und vom großen „jüdischen Einfluss" in der Sowjetunion überzeugt gewesen zu sein[11]. Hoth gestand weiter ein, dass er „noch im Jahre 1941 *volles Vertrauen* zu Hitler gehabt" und in ihm „die einzige Persönlichkeit" gesehen habe, „die mit ihrem starken Willen das deutsche Volk durch die Gefahren dieses Kampfes um Sein oder Nichtsein hindurchbringen könnte"[12]. Erst in der zweiten Jahreshälfte 1942 habe er „Zweifel an Größe und Recht" bekommen[13]. Allerdings nannte Hoth hierfür ausschließlich militärische Gründe.

Diese Bekenntnisse werfen ein Licht auf die Einstellung der Generalität im ersten Jahr des Ostfeldzugs. Versuchen wir die Per-

---

[10] Vgl. Hürter, Hitlers Heerführer, S. 575 f.
[11] IfZ-Archiv, MB 31/37, Aussagen Hoths vor dem Nürnberger Militärtribunal (Fall 12) am 30. 4. und 3. 5. 1948.
[12] BA-MA, N 503/86, Aufzeichnung Hoths: „Stellung zum Führer und zur Politik", 1948.
[13] BA-MA, N 503/72, Notizen Hoths: „Stellungnahme zum Nationalsozialismus" (nach 1945).

spektive des Sommers 1941 einzunehmen: Hitler stand auf dem Höhepunkt seiner Macht und hatte – „right or wrong" – den Befehl gegeben, die Sowjetunion in einem schnellen Feldzug „niederzuwerfen". Wie man zum NS-Regime auch immer stand: Dieses Unternehmen gegen „den" Bolschewismus, über dessen radikale Ablehnung es keine zwei Meinungen gab, wollte man um jeden Preis und wegen der strategischen Gesamtlage in möglichst kurzer Zeit siegreich beenden. Dass das stalinistische System vor allem von fanatischen Funktionären und „den" Juden getragen werde und es daher gelte, diese „Korsettstangen" herauszubrechen, war ebenfalls nahezu opinio communis. Das schien in diesem als „total" eingestuften „Kampf um Sein oder Nichtsein" ungewöhnliche Härte zu rechtfertigen, bis hin zu selektiven Tötungsaktionen gegen die „jüdisch-bolschewistische Intelligenz". Die Brutalität der militärischen und ideologischen Auseinandersetzung führte schließlich zur weiteren Radikalisierung, die dann in der Regel als diesem besonderen Kriegsschauplatz immanent hingenommen wurde. Opposition oder gar Widerstand wurden lange als absolut inopportun angesehen, zumal ja die Zukunft des Dritten Reichs noch offen war und wohl niemand im Sommer 1941 mit einer bedingungslosen Kapitulation und Kriegsverbrecherprozessen rechnete. Vielmehr galt es gerade für die konservativen Eliten, sich in einem möglicherweise siegreichen NS-Staat als mitbestimmende Kraft zu behaupten. Eine offenkundige Gegnerschaft zum Regime und seiner Politik wäre aus dieser Sicht völlig kontraproduktiv gewesen. Erst als sich die militärische Niederlage in mehreren Stufen zunächst ankündigte, dann abzeichnete, sank bei vielen – beileibe nicht bei allen – ebenfalls stufenweise die Bereitschaft, die nationalsozialistische Vernichtungspolitik weiterhin mitzutragen. Im ersten Jahr des Ostkriegs war davon allerdings noch wenig zu spüren.

Diese Interpretation wird durch die offenherzigen Nachkriegsaussagen Hoths gestützt – und dass diese weder ein nachträgliches Konstrukt noch ein Einzelfall sind, belegt die Kommandoführung, also das *Handeln* Hoths und der übrigen Oberbefehlshaber. Denn letztlich kam es – und kommt es rückblickend für die historische Einschätzung – auf das Handeln an und nicht darauf, ob der jeweilige Akteur nationalsozialistisch oder konservativ dachte, ob er sich als Anhänger oder als Gegner Hitlers fühlte, ob er in seiner Manteltasche die Faust ballte oder nicht. Die Beispiele für *scheinbare* Ambivalenzen in der Gruppe der Heerführer im Osten ließen sich fortführen. Um nur wenige zu nennen: Der konservative Edelmann Georg von Küchler beauftragte die Sicherheitspolizei, eine große Nervenheilanstalt vor Leningrad leer zu morden, um Unterkünfte für seine Truppen zu gewinnen[14]. Der spätere Widerstandskämpfer Hoepner schwor seine Verbände auf den Kampf gegen den „jüdischen Bolschewismus" ein und ging mit Feuer und Schwert über Dörfer hinweg, in deren Nähe Partisanen aktiv waren[15]. Der alte preußische Infanterist Adolf Strauß befahl im Dezember 1941, Kriegsgefangenen und Einwohnern „rücksichtslos" die überlebensnotwendige Winterkleidung abzunehmen[16]. Der feinsinnige Stratege Erich von Manstein ließ auf der Krim den Holocaust und eine brutale Besatzungsherrschaft geschehen[17].

3. Fazit

Natürlich lassen sich auch für Küchler, Hoepner, Strauß, Manstein und die anderen wie für Reichenau, Stülpnagel und Hoth Belege finden, dass sie in Einzelfragen „dagegen" waren oder sogar – das war freilich die Ausnahme – die NS-Diktatur generell ablehnten. Das änderte aber nichts an ihrer reibungslosen Integration in das nationalsozialistische Eroberungs-, Ausbeutungs- und Vernichtungsprogramm gegen die Sowjetunion. Überzeugte Nationalsozialisten gab es außer Dietl wohl nicht in dieser Gruppe; es überwog eine gewisse Distanz aus konservativ-elitären und/oder christlichen Beweggründen. Aber im ersten Jahr des Ostfeldzugs, besonders in seinen ersten „wilden" Monaten, präsentierten diese Heerführer sich vor allem als „totale Krieger", von der Kette gelassen von einem verbrecherischen Regime und seiner Ideologie.

Welche Faktoren führten dazu, dass sie sich zu Komplizen einer kriminellen Staatsführung machen ließen? Um darauf eine Antwort zu finden, müssen die Wurzeln und Prägungen bis ins 19. Jahrhundert zurückverfolgt werden. Die bereits in der militärischen Ausbildung in der Kaiserzeit angelegte Verengung der ethischen Grundsätze wurde durch die radikale Entwertung des Individuums im Ersten Weltkrieg und in den Nachkriegswirren erheblich gefördert.

---

[14] Vgl. Johannes Hürter, Konservative Mentalität, militärischer Pragmatismus, ideologisierte Kriegführung: Das Beispiel des Generals Georg von Küchler, in: Hirschfeld/Jersak (Hrsg.), Karrieren, S. 239–253.
[15] Vgl. Hürter, Hitlers Heerführer, S. 414 f., S. 516 und S. 542–544.
[16] Vgl. ebenda, S. 455 f.
[17] Vgl. Johannes Hürter, Nachrichten aus dem „Zweiten Krimkrieg" (1941/42). Werner Otto v. Hentig als Vertreter des Auswärtigen Amts bei der 11. Armee, in: Wolfgang Elz/Sönke Neitzel (Hrsg.), Internationale Beziehungen im 19. und 20. Jahrhundert. Festschrift für Winfried Baumgart zum 65. Geburtstag, Paderborn u. a. 2003, S. 361–387.

Zugleich verschärften sich die politischen Feindbilder. Mindestens genauso explosiv war die Radikalisierung der Militärdoktrin, die für die Zukunft Totale Kriege prognostizierte. Diese neue Kriegsform schien die „Kriegsnotwendigkeiten" zu verabsolutieren und einen autoritären Staat zu fordern, der die innere Einheit und totale Rüstung gewährleistete. Entsprechend schnell arrangierten sich die militärischen Professionals mit dem NS-Staat. Hitlers Erfolge brachten den Generälen persönliche Vorteile und übertrafen die kühnsten politischen Hoffnungen. Dermaßen konditioniert und korrumpiert, ließ sich die konservative Elite der höchsten Truppenführer um so leichter für einen Feldzug einspannen, der den gewohnten Rahmen völlig sprengte. Im „Kreuzzug" gegen die Sowjetunion verbanden sich die antikommunistischen und rassistischen Überzeugungen mit einem schrankenlosen militärischen Utilitarismus, für den der Erfolg die Mittel heiligte.

Die Oberbefehlshaber an der Ostfront waren trotz aller Homogenität ihrer sozialen und professionellen Entwicklung unterschiedliche Charaktere mit teilweise voneinander abweichenden politisch-ideologischen Auffassungen. Auch ihr Verhalten im Ostfeldzug konnte im Einzelnen – allerdings eher graduell als prinzipiell – divergieren. Im Großen und Ganzen erwiesen sich solche Unterschiede und Nuancen jedoch, zumindest im ersten Jahr des deutsch-sowjetischen Krieges, als weitgehend irrelevant. Dieser unbarmherzige Krieg machte die Frage, ob „Nazi" oder nicht, vorübergehend nebensächlich, er nivellierte Gegensätze. Freilich kam er nicht wie eine Naturgewalt über die oberste Heeresgeneralität, sondern wurde von ihr geführt, von ihr mitgestaltet. Wer würde sie nicht gerne herausheben, die positiven Ausnahmen, die „Gerechten", die ihre nicht unbeträchtlichen Handlungsspielräume von Anfang an konsequent für eine menschenwürdige Behandlung der Kriegsgefangenen und Zivilisten nutzten? Zumindest in dieser kleinen, einflussreichen Elite von 25 Heerführern waren sie jedoch nicht zu finden.

Amedeo Osti Guerrazzi
Rodolfo Graziani
Karriere und Weltanschauung eines faschistischen Generals

1. Herkunft und Laufbahn

Rodolfo Graziani, Marschall von Italien und Marquis von Neghelli, war einer der berühmtesten Offiziere zur Zeit Mussolinis. Als erfolgreicher Truppenführer in Afrika wurde er von der Propaganda des Regimes zum Modell jenes neuen Menschen hochstilisiert, den zu schaffen, der „Duce" sich auf seine Fahnen geschrieben hatte. Vor Beginn des Zweiten Weltkriegs mit Ehrungen überhäuft, fiel Graziani nach dem desaströsen Ausgang des Feldzugs in Nordafrika 1940/41 in Ungnade und tauchte erst wieder nach der Gründung der *Repubblica Sociale Italiana* aus der Versenkung auf, deren Kriegsminister er wurde. Man hat Graziani als den größten Faschisten unter den Generälen des königlichen Heeres bezeichnet. Ein solches Urteil wirft freilich die Frage nach den Beziehungen zwischen Armee und Faschismus sowie die Frage nach den Karrierewegen hoher Offiziere seit 1922 auf.

Graziani wurde am 11. August 1882 in Filettino geboren, einem winzigen Ort in einer der ärmsten Regionen Mittelitaliens[1]. Er entstammte einem kleinbürgerlichen Elternhaus. Sein Vater verdiente als Arzt gerade genug, um die Ausbildung seiner Söhne zu finanzieren. Nachdem er das Gymnasium absolviert hatte, schlug Graziani die Offizierslaufbahn ein, wobei er aufgrund der schwierigen ökonomischen Situation seiner Familie einige Umwege in Kauf nehmen musste. 1904 wurde Graziani zum Leutnant befördert und versah seinen Dienst schließlich beim 1. Grenadierregiment in Rom, bevor er 1908 aus Abenteuerlust um seine Versetzung in die afrikanischen Kolonien bat, wo er mit Unterbrechungen bis zum Eintritt Italiens in den Ersten Weltkrieg blieb. Die blutgetränkten Schlachtfelder Norditaliens boten einem ambitionierten Offi-

---

[1] Alle biographischen Angaben nach: Rodolfo Graziani, Una vita per l'Italia, Mailand [17]1998, und Angelo Del Boca, Rodolfo Graziani, in: Dizionario biografico degli italiani, hrsg. vom Istituto dell'Enciclopedia italiana, Bd. 58, Rom 2002, S. 829–835.

zier wie Graziani die ideale Bühne, um sich hervorzutun, und als der Krieg zu Ende ging, hatte er sich – welch glänzende Karriere! – zum jüngsten Oberst des italienischen Heeres hochgedient. Zwischen 1915 und 1918 waren jedoch nicht nur seine unbestreitbaren Fähigkeiten als Truppenführer zum Vorschein gekommen, sondern auch sein hemmungsloser Ehrgeiz und sein schier grenzenloser Hunger nach Auszeichnungen[2].

Das Ende des Ersten Weltkriegs wurde für das italienische Offizierskorps als soziale Gruppe trotz des Sieges zum Trauma. Vor allem in den ersten Monaten des Jahres 1919 waren die Offiziere Ziel einer wüsten sozialistischen Propagandakampagne, die sie für alles verantwortlich machte, was die Arbeiterschaft seit 1915 hatte erdulden müssen. Die Offiziere hatten den Dank des Vaterlandes erwartet und sahen sich nun herausgefordert, beleidigt und an den Pranger gestellt. Graziani befand sich zu dieser Zeit in Parma, einer Hochburg der radikalen Sozialisten, wo seine Soldaten für die Aufrechterhaltung der öffentlichen Ordnung sorgen sollten und wo er vom *Comitato rivoluzionario* der Stadt schließlich mit dem Tode bedroht wurde. Später schrieb er in seiner Autobiographie, er habe sich trotz allem nicht dem Faschismus angenähert und die größtmögliche Neutralität in den politischen Auseinandersetzungen gewahrt[3]. Tatsächlich war der offiziell am 23. März 1919 in Mailand aus der Taufe gehobene Faschismus in Parma noch völlig unbekannt, und Graziani sah – wie die übergroße Mehrheit seiner Kameraden – im Sozialismus nicht nur eine aktuelle Gefahr, sondern die Wurzel allen Übels. Dieser antisozialistische Affekt ging so weit, dass viele Offiziere das Vertrauen in das liberale System verloren, das offensichtlich nicht in der Lage war, das Prestige der Armee zu wahren und die „Früchte des Sieges" festzuhalten.

Auch Graziani blieb von dieser Erschütterung des inneren Koordinatensystems nicht verschont und bat darum, vorübergehend in die Reserve versetzt zu werden. Erst 1921 kehrte er in den aktiven Dienst zurück und fand – wiederum auf eigene Bitte – Verwendung in Libyen. Die Lage in dieser Kolonie war außerordentlich schwierig, da die Italiener während des Krieges die Kontrolle über das Land verloren hatten, von einem schmalen Küstenstreifen einmal abgesehen. Während die liberalen Regierungen der Nachkriegszeit

---

[2] Vgl. Romano Canosa, Graziani. Il Maresciallo d'Italia, dalla guerra d'Etiopia alla Repubblica di Salò, Mailand 2004, S. 7f.
[3] Vgl. Graziani, Vita per l'Italia, S. 27.

einen modus vivendi mit den arabischen Völkerschaften gesucht hatten, verfügte Mussolini 1923 die militärische Wiedereroberung Libyens. Nach offizieller Lesart erwies sich Graziani dabei als „brillanter" Kolonialoffizier; tatsächlich zeichneten sich seine Operationen gegen die Aufständischen in Tripolitanien und in der Cyrenaika durch große Brutalität aus. Zugleich setzte Graziani dabei auf Wagemut und unorthodoxe Methoden. Anders als viele seiner Kollegen, die seinen Ideen nichts abgewinnen konnten, hielt er wenig davon, möglichst viele Soldaten in den Kampf zu schicken. Er propagierte das Überraschungsmoment, Schnelligkeit, die Nutzung moderner Transport- und Kommunikationsmittel sowie den rücksichtslosen Einsatz der neuesten Waffen. Zudem bediente er sich koptischer Hilfstruppen aus Eritrea, die sich nicht zuletzt wegen ihres Hasses auf die Rebellen islamischen Glaubens als besonders effektiv erwiesen.

Mit seinen motorisierten Kampfgruppen gelang es Graziani, den enormen technologischen Vorsprung der italienischen Streitkräfte zu kapitalisieren. Bei der Niederwerfung der Aufständischen in Tripolitanien erwies sich zudem der Einsatz der Luftwaffe zur Aufklärung und Nachrichtenübermittlung als schlachtentscheidend. Die Unterwerfung der Cyrenaika gestaltete sich dagegen schwieriger. Hier machte der Rebellenführer Omar Al Mukhtar den Italienern mit seinen Kämpfern das Leben schwer, die sich tagsüber unter die Zivilbevölkerung mischten oder über die Grenze nach Ägypten auswichen, um dann in der Nacht ohne Vorwarnung zuzuschlagen. Graziani entschied sich im Einvernehmen mit dem Gouverneur von Libyen, Marschall Pietro Badoglio, dafür, das Übel samt der Wurzel auszurotten. Sie internierten einen großen Teil der arabischen Bevölkerung in Lager und raubten den Nomaden ihre wichtigste Lebensgrundlage: das Vieh. 1931 ließ Graziani überdies einen mehr als 270 Kilometer langen Grenzzaun bauen, um den Guerillas den Fluchtweg nach Ägypten abzuschneiden. Noch im selben Jahr konnte man ganz Libyen als „pazifiziert" bezeichnen; Omar Al Mukhtar wurde gefangengenommen und hingerichtet. Die Folgen dieser Strategie für die Bewohner der Cyrenaika waren verheerend. Angesichts der außerordentlich harten Lebensbedingungen in den Lagern kam es unter den Insassen zu einem Massensterben. Es ist schwer zu sagen, wie viele Menschen umkamen, doch man weiß, dass die Bevölkerung in der Cyrenaika in diesen Jahren um mehr als ein Viertel zurückging. Von den 1911 gezählten 200 000 Einwohnern wurde die Hälfte in Lager deportiert; weitere 20 000 gingen ins Exil. Von etwa 40 000 Menschen fehlte nach dem Abschluss der „Befriedungskampagne" jede Spur. Nicola Labanca, einer der besten

Kenner der Materie, beschreibt diese Politik mit nur einem Wort: „Genozid"[4].

1932 wurde Graziani wegen seiner „Verdienste" zum General befördert, doch es gelang ihm nicht, auch zum Generalgouverneur von Libyen aufzusteigen. Dieses Amt ging an Italo Balbo, einen Squadristenführer und Faschisten der ersten Stunde, der Graziani freilich baldmöglichst fallen ließ, weil er dessen Grausamkeit missbilligte. 1934 entschädigte ihn Mussolini mit dem Kommando über ein Armeekorps und mit der Beförderung zum *Generale designato di armata*, dem höchsten Rang, der in Friedenszeiten zu erreichen war. Als 1935 der Angriff auf Abessinien begann, führte Graziani das Kommando über die „Südfront". Obwohl der Hauptstoß von Norden geführt wurde, ging Graziani auch diesmal energisch zu Werke. Wieder wusste er die technologische Überlegenheit der italienischen Streitkräfte zu nutzen, setzte in großem Stil die Luftwaffe ein und schreckte selbst vor dem Gebrauch von Giftgas nicht zurück.

Nach der Eroberung von Addis Abeba wurde Graziani zum Marschall von Italien und Vizekönig der neuen Kolonie ernannt. Er selbst orientierte sich am britischen Prinzip des *indirect rule*, aber Mussolini und sein Kolonialminister Alessandro Lessona forderten eine unmittelbare Herrschaft der italienischen Kolonialverwaltung. Das Ergebnis dieser Politik war ein allgemeiner Aufstand, der Grazianis Truppen schwer zu schaffen machte. 1937 wurde der Vizekönig bei einem Attentat verletzt und rächte sich mit härtesten Repressalien, die Tausende das Leben kosteten. Auch diesmal ließ er Lager errichten, in denen die Internierten an Krankheiten und Unterernährung starben. Traurige Berühmtheit erlangte dabei das Lager Danane, wo täglich 15 bis 30 Tote zu beklagen waren[5]. Trotz dieser Gegenmaßnahmen trugen die Rebellen den Aufstand bis vor die Tore der Hauptstadt, und Mussolini entschloss sich, Graziani abzulösen. Dieser Schritt wurde ihm allerdings dadurch versüßt, dass er zum Generalstabschef des Heeres ernannt wurde, wo er einmal mehr unter Pietro Badoglio, dem *Capo di Stato Maggiore Generale*, diente.

---

[4] Nicola Labanca, Oltremare. Storia dell'espansione coloniale italiana, Bologna 2002, S. 175; vgl. auch Asfa-Wossen Asserate/Aram Mattioli (Hrsg.), Der erste faschistische Vernichtungskrieg. Die italienische Aggression gegen Äthiopien 1935–1941, Köln 2006.
[5] Vgl. Alberto Sbacchi, Legacy of bitterness, Asmara 1997, S. 132. Zu den Hungerrationen vgl. auch ACS, Carte Graziani, busta 21, Telegramm Rodolfo Grazianis an das Kommando der Carabinieri vom 21. 8. 1937.

Kurz nach dem Kriegseintritt Italiens im Juni 1940 ging Graziani als Gouverneur nach Libyen, um dort gegen die Briten zu kämpfen. Dieser Feldzug endete jedoch in einem grandiosen Desaster. Der Marschall überschritt mit sieben nicht motorisierten Divisionen die ägyptische Grenze, besetzte Sidi el Barrani und verschanzte sich dann in Feldbefestigungen. Dabei beging er zwei entscheidende Fehler: Er unterschätzte den Gegner und wähnte sich stark genug, um auf die Unterstützung durch motorisierte deutsche Truppen verzichten zu können. Als die britischen Verbände zum Gegenangriff antraten, gelang es ihnen rasch, die italienischen Linien zu durchbrechen. Der überstürzte Rückzug, den Graziani anordnete, artete in eine wilde Flucht aus, wobei der Oberbefehlshaber nichts besseres zu tun hatte, als Mussolini mit absurden Telegrammen zu bombardieren und ihn zu bezichtigen, seiner Armee die nötigen Mittel verweigert zu haben. Daraufhin wurde er kurzerhand abgelöst und in den Ruhestand versetzt.

Dennoch schloss er sich im Herbst 1943 der RSI an, als deren Kriegsminister und oberster militärischer Befehlshaber er fungierte. Er setzte sich gegen den Willen Mussolinis und anderer führender Faschisten für eine „unpolitische Armee" ein, unterzeichnete am 18. Februar 1944 aber auch eine Anordnung, die jeden mit dem Tode bedrohte, der den Kriegsdienst verweigerte. Bei Kriegsende führte er den Oberbefehl über die Armee von Ligurien, die aus vier italienischen und drei deutschen Divisionen bestand. Am 28. April 1945 von den Amerikanern verhaftet, wurde er zwischen 1948 und 1950 vor ein italienisches Gericht gestellt, aber nach dem Ende des Prozesses freigelassen. Grazianis Karriere endete als Präsident des neofaschistischen *Movimento Sociale Italiano* – und mit seinem Tod im Jahre 1955.

2. Graziani und der Faschismus

Nach dem Krieg veröffentlichte der Marschall seine Autobiographie *Una vita per l'Italia* (Ein Leben für Italien). Zudem erschien ein Buch seines ehemaligen Mitarbeiters Emilio Canevari mit dem Titel *Graziani mi ha detto* (Graziani sagte mir)[6]. Diese Bücher sowie eine von Graziani für seinen Prozess verfasste Apologie, die 1950 ebenfalls als Buch erschien, lassen tiefe Einblicke in das Denken und die Persönlichkeit des Marschalls zu. Um Graziani verstehen zu können, muss man seinen sozialen Hintergrund ausleuchten. Als typi-

---

[6] Vgl. Emilio Canevari, Graziani mi ha detto, Rom 1947.

sche Gestalt des süditalienischen Kleinbürgertums absolvierte er den klassischen Bildungskanon und hatte wie alle Italiener seiner Generation zwei mythisch überhöhte, politisch-normative Fixpunkte verinnerlicht: die Monarchie als Architektin der Einigung Italiens und das antike Rom. Diese beiden Mythen hatten großen Anteil an der Entstehung eines starken Nationalgefühls, das in schwülen Träumen von imperialer Größe gipfelte. Graziani gehörte überdies einer Altersgruppe an, die das Trauma der Niederlage von Adua – im Jahr 1896 war hier ein italienisches Expeditionskorps von den Truppen Kaiser Meneliks II. vernichtend geschlagen worden – nie verwunden hatte, und seine Laufbahn begann in jenen Jahren, in denen der italienische Nationalismus als politische Bewegung seine ersten Erfolge feierte. Dieser Nationalismus, der den Faschismus in außerordentlicher Weise beeinflussen sollte, war ebenso aggressiv wie chauvinistisch. Die zunächst nur kleine, aber einflussreiche nationalistische Bewegung bezog ihre Triebkraft aus dem Spannungsverhältnis zwischen den Großmachtphantasien und den Ohnmachtsgefühlen des italienischen Kleinbürgertums und fand in Gabriele D'Annunzio einen wortgewaltigen Vorkämpfer. Als 1915 in Rom die Entscheidung fiel, auf Seiten der Entente in den Ersten Weltkrieg einzutreten, spielten die Nationalisten dabei eine zentrale Rolle.

Die bürgerkriegsähnlichen Zustände der Nachkriegszeit waren der Grund für Grazianis Abneigung gegen die Sozialisten, und obwohl er nicht um Aufnahme in die faschistische Partei nachsuchte, führte dieser antisozialistische Affekt doch dazu, dass er sich auf die Seite der Konservativen schlug und der „Masse" oder dem „Pöbel" nur mit Verachtung begegnete. Oder wie er nach 1945 erklärte: „Als der Faschismus aufkam und sich die Beendigung des Klassenkampfes auf seine Fahnen geschrieben hatte, war es logisch, daß ich sagte: Mir scheint, daß ich seit meiner Geburt Faschist gewesen bin! In diesem Sinne war ich ‚Faschist'."[7]

Allerdings ließ Graziani in den Jahren der Diktatur keine Gelegenheit aus, um seine Treue gegenüber dem Faschismus und Mussolini unter Beweis zu stellen. Als er 1929 sein neues Kommando in Bengasi antrat, betonte er mit entwaffnender Klarheit: „Ich werde getreu den Prinzipien des faschistischen Staates handeln und erkläre als aktiver Generalleutnant des Heeres, daß ich den faschistischen Prinzipien entschieden verpflichtet bin."[8] Als er 1938 auf dem

---

[7] Vgl. Processo Graziani, Rom 1948, S. 32; ähnlich auch Graziani, Una vita per l'Italia, S. 16.
[8] Rodolfo Graziani, Pace romana in Libia, Mailand 1937, S. 235.

Kapitol ausgezeichnet wurde, rief Graziani am Ende der Zeremonie der Menge das obligatorische *Saluto al Duce* zu, ohne jedoch – wie üblich – den König und Kaiser Viktor Emanuel III. zu erwähnen[9]. Am selben Tag sandte er ein Telegramm folgenden Inhalts an Mussolini: „Duce! In dem Augenblick, in dem Rom mich ehrt, gilt mein Dank Euch, Schöpfer und Gründer des Imperiums, und ich versichere Euch, daß ich Euch immer und überall dienen werde für die Zukunft und die Größe des imperialen faschistischen Vaterlandes."[10]

War der Faschismus 1919 zunächst die Zuflucht eines Kleinbürgers, der um seine Ideale fürchtete, so betrachtete Graziani Mussolinis Bewegung später vor allem als Karrieresprungbrett. Dies entsprach seiner hervorstechendsten Eigenschaft, einem extremen Ehrgeiz, der ihn ängstlich auf seine Beziehungen mit den Mächtigen und den Meinungsmachern achten ließ, wobei er stets um Werbung in eigener Sache bemüht war. Hemmungslos bediente sich Graziani seiner Kontakte und Freundschaften zu Aktivisten der faschistischen Partei, um seine Karriere voranzutreiben. Im Einsatz sammelte er dagegen Material, um eventuelle Misserfolge auf angebliche oder tatsächliche Widersacher in den eigenen Reihen schieben zu können. Als seinen Erzfeind betrachtete Graziani Marschall Badoglio, den er bezichtigte, ein Feigling zu sein und sich mit fremden Federn zu schmücken[11].

Neidisch auf die Siege anderer, fand er seine Idole in den großen Gestalten des alten Rom wie Julius Cäsar und Tacitus. Letzterer war auch sein literarisches Vorbild, und Graziani bemühte sich in seinen Schriften, den Stil des Tacitus zu kopieren, der in seinen „Historien" beschrieben hatte, wie die von den Soldaten erfochtenen glorreichen Siege von intriganten Politikern in der Heimat zunichte gemacht worden seien. Ein typisches Beispiel dafür sind Grazianis Ausführungen über den Krieg in Libyen, die er während seines Prozesses machte: „Aus dem Studium der lateinischen Klassiker wie Sallust, Cäsar usw. habe ich gelernt, daß Minister oder Gouverneure ein hartes Regime errichten müssen, wenn man Kolonialbesitz sichern will; es genügt, sich an die Grundlinien des Rechts zu halten, und jede harte Maßnahme ist zulässig."[12] Dieses Verhaltensmuster

---

[9] Vgl. Il Messaggero vom 27.5. 1938: „Rodolfo Graziani proclamato cittadino dell'Urbe".

[10] Il Messaggero vom 28.5. 1938: „Il Maresciallo Graziani al Fondatore dell'Impero".

[11] Beispielsweise ACS, Carte Graziani, busta 21, Telegramm Rodolfo Grazianis an den Kabinettschef des Kolonialministeriums vom 13.11. 1936.

[12] Processo Graziani, S. 34.

zeigte sich auch bei seinen Niederlagen in Nordafrika 1940/41, als ihn seine Angst vor Verschwörungen dazu trieb, seine Zeit mit Telegrammen an Mussolini zu verschwenden, anstatt sich um seine von den Briten hart bedrängten Truppen zu kümmern. Dabei schob er das Desaster seiner 10. Armee offen Marschall Badoglio, ja dem Diktator selbst in die Schuhe. Besonders hervorzuheben ist ein Telegramm Grazianis an Mussolini, der ihn noch seines Vertrauens versichert hatte, als die britische Gegenoffensive bereits in vollem Gange war:

> „Auch wenn mich der Ausdruck absoluten Vertrauens durchaus bewegt, kann er mich doch nicht vergessen lassen, daß mir diese Gunst früher hätte zuteil werden müssen, als ich mit allen Mitteln versucht habe, Euch die Wahrheit begreiflich zu machen. Ihr habt nicht auf mich gehört. Ihr habt mir nicht gestattet, Euch persönlich zu sprechen. [...] Ihr habt vergessen, daß ich Euch zwanzig Jahre lang mit Hingabe und grenzenloser Treue gedient habe. Ihr habt vergessen, daß der Sieg in Äthiopien nicht zuletzt der Tatsache geschuldet war, daß Ihr mir gestattet habt, unverblümt mit Euch zu sprechen, an all den Kanaillen vorbei, die mir dies verwehren wollten. Jetzt, Duce, gibt es nur noch einen Schiedsrichter: das Schicksal [...]. Wenn ich eine Schuld abzutragen habe, so ist diese nicht durch meine Blindheit oder meinen Willen entstanden, sondern muß von all denen verantwortet werden, die Euch erbärmlich betrogen haben und mit Euch ganz Italien."[13]

Als sich Graziani 1943 der RSI anschloss, tat er das auch, um sich an denen zu rächen, die er für die Totengräber seiner Karriere hielt, allen voran Badoglio. Nach Kriegsende bestritt er, aus Hass auf den Nachfolger Mussolinis im Amt des königlichen Ministerpräsidenten gehandelt zu haben[14]. Er rechtfertigte sich statt dessen mit dem klassischen Argument all jener, die der Kollaboration mit den Deutschen angeklagt wurden: Die RSI sei ein notwendiges Übel gewesen, um Italien vor dem *furor teutonicus* zu bewahren[15].

Schon in seiner ersten Rede als Kriegsminister der RSI konnte Graziani der Versuchung nicht widerstehen, eine Attacke gegen Badoglio zu reiten, den er bezichtigte, 1940 den Feldzug gegen Griechenland sabotiert zu haben[16]. Vielleicht gehörte Graziani

---

[13] Rodolfo Graziani, Africa Settentrionale (1940–1941), Rom 1948, S. 285 f.
[14] Vgl. Canevari, Graziani mi ha detto, S. 12.
[15] Vgl. dazu den Klassiker von Frederick W. Deakin, Storia della Repubblica di Salò, Turin 1963, S. 579–596.
[16] Vgl. Canevari, Graziani mi ha detto, S. 274–278.

nicht zu den in der Wolle gefärbten Faschisten, da er zu sehr von sich selbst überzeugt war, um sich vollständig einer Partei zu verschreiben, die den „Duce" als einzige Quelle der Macht betrachtete. Andererseits hatte er für jede Art von Demokratie und Volksvertretung nur tiefe Verachtung übrig. Der Faschismus passte daher gut zu den Idealen Grazianis, und er sah darin vor allem eine konservative, antidemokratische Bewegung mit dem Ziel, das Prestige der Armee wiederherzustellen und eine aggressive Außenpolitik zu betreiben. Wie andere Offiziere erhoffte er sich zudem einen Karriereschub. Zwischen Faschismus und Militär bestand sozusagen eine Übereinkunft, die beiden Teilen zum Vorteil gereichte[17].

3. Der Faschismus und Graziani

Zu den wichtigsten Zutaten jenes giftigen ideologischen Gebräus, das man Faschismus nennt, gehörten der Imperialismus und die Utopie von der Erschaffung eines „neuen Menschen". Wie die Nationalisten hatten sich auch die Faschisten die aggressive territoriale Expansion auf ihre Fahnen geschrieben. Italien galt ihnen als junges Volk ohne Raum, eingepfercht in ein kleines, armes Land ohne ausreichende Ressourcen, der wachsenden Bevölkerung eine Perspektive zu geben. Die Emigration Hunderttausender wurde von den Faschisten als Demütigung der eigenen Nation empfunden, die im Ersten Weltkrieg den Rang einer europäischen Großmacht erkämpft zu haben glaubte. Tatsächlich gab sich Mussolinis Regierung alle Mühe, diesen Exodus zu kanalisieren. Ein Mittel dazu war die Eroberung neuen „Lebensraums" in Afrika, wobei die imperialistischen Bestrebungen eine unheilvolle Verbindung mit der rassistischen Überzeugung eingingen, die italienischen Konquistadoren seien den eingeborenen Völkerschaften von Grund auf überlegen. Um jedoch derartige Eroberungszüge erfolgreich bestehen zu können, bedurfte es eines neuen – und zugleich sehr alten – Geschlechts kriegerischer Kolonisatoren. Neu, weil durch den Faschismus unter Zerstörung liberaler, demokratischer und pazifistischer Traditionen wieder erschaffen, alt, weil dieses gereinigte Geschlecht auf das antike Rom als imperiale Kolonialmacht par excellence zurückgeführt wurde. In diesem Sinne konnte man in einer Publikation des *Istituto Fascista dell'Africa Italiana* aus dem Jahre 1938 lesen: „Es ist das Verdienst des Faschismus, aus dem Emigranten einen

---

[17] Vgl. Giorgio Rochat, L'esercito e il fascismo, in: Guido Quazza (Hrsg.), Fascismo e società italiana, Turin 1973, S. 91–123.

Kolonisator und Erbauer des Imperiums gemacht zu haben."[18] Weiter erinnerte man an das Beispiel des alten Rom, das es verstanden habe, eine überlegene „Rasse" nach Afrika zu verpflanzen, die auch den Respekt der Eingeborenen gefunden habe.

Graziani wurde von der faschistischen Propaganda als Musterbeispiel des „neuen Menschen" präsentiert. Die guten Beziehungen zwischen dem künftigen Marschall und dem Faschismus reichten bis in das Jahr 1923 zurück, als Graziani die Ehrenmitgliedschaft in der faschistischen Partei erhielt und so für seine Leistungen in Libyen ausgezeichnet wurde. Mussolini selbst behielt den aufstrebenden Offizier im Auge, und 1932 belobigte Badoglio seinen Untergebenen in besonderer Weise[19]. Gleichwohl wurde Graziani nach der Ankunft des neuen Gouverneurs Italo Balbo von seinem Kommando entbunden, da man ihn für zu gewalttätig und folglich bei der einheimischen Bevölkerung für untragbar hielt.

Den Scheitelpunkt seiner Karriere erreichte Graziani mit dem Krieg gegen Abessinien. Seine militärischen Erfolge und die Entschlossenheit, mit der er jeder Form von Rebellion begegnete, ließen ihn gleichsam zur Ikone des neuen Italieners werden. So schrieb Paolo Orano, einer der führenden faschistischen Intellektuellen, Graziani sei ein Soldat im Sinne des Wortes, ein „Mann, der befiehlt und gehorcht, Ratschläge erteilt, ermahnt sowie erschießt und – wenn nötig – erhängt"[20]. Und in einem anderen Buch hieß es 1936: „Männer wie Graziani verstärken die schlummernden oder jedenfalls vernachlässigten und versteckten Tugenden einer Rasse. Es sind Männer solchen Zuschnitts und solchen Glaubens, die eine Epoche beschließen und eine neue eröffnen. Dies ist das Schicksal, dies ist die Mission aller großen Italiener, von Dante zu Michelangelo, von Napoleon zu Mussolini." Graziani sei entschlossen, die „Trikolore des Vaterlandes" auf jenen „von der Sonne geküssten Gipfeln" aufzupflanzen, die man in der Ferne sehen könne, „um dem beseelenden Hauch der faschistischen Zivilisation den Weg zu bahnen, die im Zeichen des Liktorenbündels die wahre Erbin der römischen Tugenden ist"[21]. Graziani ließ sich zweifelhafte Schmeicheleien dieser Art nicht nur gefallen, sondern stilisierte sich auch in seinen eigenen Schriften zum Bannerträger imperialer Expansion in der Nachfolge der Eroberer aus dem antiken Rom und zu

---

[18] La giornata coloniale dell'anno XVI in Roma, hrsg. vom Istituto Fascista dell'Africa Italiana, Rom 1938, S. 5.

[19] Vgl. Canosa, Graziani, S. 74.

[20] Paolo Orano, Rodolfo Graziani generale scipionico, Rom 1936, S. 13.

[21] Ugo Caimpenta, Il Generale Graziani (l'Africano), Mailand 1936, S. 222.

einem Führer der Avantgarde des faschistischen neuen Menschen[22].

Nach seinen blutigen Triumphen in Äthiopien wurde Graziani mit Auszeichnungen überhäuft. Dennoch hatte er unter den faschistischen Würdenträgern nicht nur Freunde. Dies galt für Italo Balbo ebenso wie für Giuseppe Bottai, der ihn 1936 wenig schmeichelhaft als unehrlich und bauernschlau beschrieb[23], oder für Alessandro Lessona, der Graziani nach 1945 als unfähig, grausam und psychisch instabil hinstellte[24]. Auch das Urteil seines alten Widersachers Badoglio ließ an Deutlichkeit nichts zu wünschen übrig: „Graziani ist ein Narr. Entweder sieht er die Dinge nicht, oder er stellt sie entgegen der Wahrheit dar."[25]

Noch im Januar 1940 war der Marschall fest davon überzeugt, dass Italien an der Seite Deutschlands in den Krieg eintreten müsse. Als er jedoch im Juni nach Libyen entsandt wurde, um dort gegen die britischen Streitkräfte zu kämpfen, wurde ihm rasch klar, dass angesichts des bedenklichen Zustands seiner Truppen im Ernstfall wenig anderes zu erwarten sei als ein Desaster. Nichtsdestotrotz beugte sich Graziani im September dem Befehl Mussolinis, zum Angriff überzugehen, doch sein Zögern diskreditierte ihn in den Augen des Diktators, der solche Unbotmäßigkeit nicht gewöhnt war. Entsprechend gallig ließ sich der „Duce" über Graziani aus, und zwar insbesondere dann, als sich die militärische Lage in Nordafrika verschlechterte. Drei Tage nachdem Grazianis berühmt-berüchtigtes Telegramm in Rom eingegangen war, in dem der Marschall seinem Herzen Luft machte, schrieb Außenminister Galeazzo Ciano in sein Tagebuch:

„Ich finde den Duce ruhig, aber empört über ein Telegramm, das dieser ihm geschickt hat. Ein langes, anklagendes Telegramm, in dem er ‚von Mann zu Mann' spricht und den Duce tadelt, er habe sich von seinen militärischen Mitarbeitern in Rom hinters Licht führen lassen, er habe ihn nicht angehört und er habe ihn in ein Abenteuer gestürzt, das mittlerweile alle menschlichen Möglichkeiten übersteige und dessen Ausgang vom Schicksal abhängig sei. Mussolini gab es mir zu lesen und sagte: ‚Noch ein Mann, über den ich mich nicht einmal aufregen kann, weil ich ihn verachte'."[26]

---

[22] Vgl. Graziani, Pace romana in Libia, S. 276.
[23] Vgl. Giuseppe Bottai, Diario 1935-1944, Mailand 1989, S. 104.
[24] Vgl. Alessandro Lessona, Memorie, Rom 1963, S. 291 und S. 305.
[25] Wiedergegeben bei Bottai, Diario 1935-1944, S. 181.
[26] Galeazzo Ciano, Diario 1937–1943, hrsg. von Renzo De Felice, Mailand 1990, S. 488: Eintrag vom 15. 12. 1940.

Von seinen Ämtern entbunden, wurde Graziani zum Sündenbock für die Niederlage gestempelt. Warum konnte dieser Mann 1943 die Führung der Streitkräfte der RSI übernehmen? Sehr wahrscheinlich ganz einfach deshalb, weil Graziani die einzig verfügbare Galionsfigur war. Andere potentielle Kandidaten hatten Pietro Badoglio auf seiner Flucht nach Süditalien begleitet oder saßen wie Giovanni Messe in britischen Gefangenenlagern. Wir wissen nicht, wie sich das Verhältnis zwischen Graziani und Mussolini während der 600 Tage von Salò gestaltet hat, es kann aber keinen Zweifel daran geben, dass die Beziehungen zwischen dem Marschall und führenden (Neo-)Faschisten aufgrund von Meinungsverschiedenheiten in militärpolitischen Fragen alles andere als idyllisch waren.

4. Ein *uomo nuovo*?

War Graziani Faschist? War er ein Vertreter des neuen Menschengeschlechts, das sich der Faschismus erträumte? Dass der Marschall einer Form des Nationalismus verfallen war, die sich problemlos mit faschistischen Überzeugungen in Einklang bringen ließ, ist offensichtlich. Auch sonst gab es zu viele Berührungspunkte zwischen Graziani und dem Faschismus, um ihn nicht zu seinen Anhängern zu zählen. Allerdings war er zu stolz und zu sehr von sich selbst überzeugt, um sich einem Personenkult zu verschreiben, der den Faschismus in den dreißiger Jahren gleichsam in einen Mussolinismus verwandelte. Wie viele andere Militärs sah Graziani in der Bewegung des „Duce" auch – und vielleicht vor allem – ein probates Karrieresprungbrett, und er hoffte darauf, dass sie ihm die Chance bieten würde, sich zu beweisen. Die Faschisten ihrerseits betrachteten Graziani hingegen als Vorbild für die junge Generation. Ein „selfmade man" aus dem Volk, aber dennoch ein großer Feldherr; ein Mann weniger Worte und großer Taten. Als Soldat war Graziani gleichsam das Spiegelbild des Regimes. In den Kolonien kämpfte er erfolgreich gegen einen unterlegenen Gegner, versagte aber, als er es mit den gut ausgerüsteten Truppen des britischen Empire zu tun bekam. Die Modernisierung des Heeres und die Fähigkeiten seiner Generäle, die der Faschismus so rühmte, erwiesen sich als tragischer Bluff. Den Panzertruppen der Briten konnte Mussolini wenig mehr entgegensetzen als einen General, der Sallust und Tacitus zitierte.

Aus dem Italienischen übersetzt von Thomas Schlemmer.

Thomas Schlemmer
Giovanni Messe
Ein italienischer General zwischen Koalitions- und Befreiungskrieg

1. Militärische Biographien, politische Zäsuren und das Problem der Loyalität

Kaum eine europäische Armee war in der ersten Hälfte des 20. Jahrhunderts mit so vielen Umbrüchen konfrontiert wie die italienische. Der mit dem Kriegseintritt Italiens 1915 verbundene Wechsel aus dem Lager der Mittelmächte auf die Seite der anglo-französischen Entente stellte die Streitkräfte des Königreichs dabei noch vor die geringsten Probleme. Spätestens 1922 stand dagegen die Gretchenfrage auf der Tagesordnung, der sich früher oder später kein aktiver Offizier entziehen konnte: Wie hältst du es mit dem Faschismus[1]? Die Armee und ihre Führung zählten zwar zu den Steigbügelhaltern Mussolinis, galten aber zugleich als stärkste Stütze der Monarchie und damit als Garant jener Biarchie, die den totalitären Ambitionen des faschistischen Herrschaftssystems immer wieder Grenzen setzte.

Dieses labile Gleichgewicht wurde vor allem durch die militärischen Niederlagen seit dem Herbst 1940 schwer erschüttert. Doch die Frage nach der Zukunft des faschistischen Regimes, der Monarchie und des italienischen Staates insgesamt hatte auch eine wichtige außenpolitische Komponente: Wie sollte es mit dem Bündnis weitergehen, das Italien seit 1939 mit dem Deutschen Reich verband? Die Führung der Streitkräfte entschied sich im Juli 1943 dafür, den Sturz Mussolinis zu decken, und sie trug am 8. September auch den Waffenstillstand Italiens mit den Alliierten mit. Das Ende der „Achse" und die trotz vereinzelter Akte verzweifelten Widerstandes rasche Auflösung der italienischen Streitkräfte durch die Wehrmacht sorgten im Offizierkorps für eine schwere Krise[2]. Der Zwang, sich für eine Seite entscheiden zu müssen, der Verlust an Orientie-

---

[1] Vgl. Marco Mondini, La politica delle armi. Il ruolo dell'esercito nell'avvento del fascimo, Rom/Bari 2006.
[2] Vgl. Giorgio Rochat, Le guerre italiane 1935–1943. Dall'impero d'Etiopia alla disfatta, Turin 2005.

rung und nicht zuletzt der Vorwurf des Verrats führten zu biographischen Brüchen, die sich noch vertieften, als 1946 die Monarchie abgeschafft wurde. Der Verlust dieses Fixpunktes im normativen Koordinatensystem erleichterte den Einbau der Streitkräfte in den neuen italienischen Staat nicht gerade. Eine kritische Auseinandersetzung mit der Vergangenheit hatte in der Wagenburg, die vor allem die Offiziere gebildet hatten, ebenfalls keinen Platz.

Loyalität und Dissens haben viel mit der persönlichen Entwicklung zu tun, so dass sich der gruppen- oder individualbiographische Zugriff anbietet, um diese Phänomene zu untersuchen und dabei zugleich die Zäsuren der Jahre 1915, 1922, 1943 und 1945 zu historisieren. Doch anders als in der Bundesrepublik hat die italienische Geschichtswissenschaft bisher nur selten Konsequenzen aus dieser Einsicht gezogen. Von den Schlüsselfiguren der neueren italienischen Militärgeschichte erregten daher nur wenige, wie etwa Pietro Badoglio[3], die Aufmerksamkeit der Forschung. Die Karrieren anderer wurden dagegen nur bis 1943 verfolgt, wie das bei Mussolinis Militärattaché in Berlin, Efisio Marras, der Fall war, der 1950 zum Chef des Generalstabs der neuen italienischen Streitkräfte aufstieg[4]. Wieder andere, deren Laufbahn besonders dazu geeignet wäre, um nach Kontinuitäten und Brüchen zu fragen, waren bis vor kurzem mehr oder weniger vergessen. Zu ihnen gehört auch Giovanni Messe[5], dessen Biographie zwischen Faschismus, Krieg und Neubeginn im Mittelpunkt dieses Beitrags steht.

2. Eine Karriere zwischen Krone und Liktorenbündel

Es dürfte nicht einfach sein, einen Offizier zu finden, der eine ähnlich steile und unvorhersehbare Karriere gemacht hatte wie Messe – und das in einem Heer wie dem italienischen mit seinem traditionell gesellschaftlich abgeschotteten Offizierkorps und seinen starren Mechanismen zur Nachwuchsrekrutierung. Messe wurde im Dezember 1883 in einer apulischen Kleinstadt geboren und wuchs in

---

[3] Vgl. Piero Pieri/Giorgio Rochat, Pietro Badoglio. Maresciallo d'Italia, Mailand 2002.
[4] Vgl. Sergio Pelagalli, Il Generale Efisio Marras Addetto Militare a Berlino, Rom 1994.
[5] Vgl. dazu die jüngst in der Schriftenreihe des *Ufficio Storico dello Stato Maggiore dell'Esercito* erschienene Biographie von Luigi Emilio Longo, Giovanni Messe. L'ultimo Maresciallo d'Italia, Rom 2006, die jedoch stark hagiographische Züge trägt und wissenschaftlichen Ansprüchen nicht genügt.

ärmlichen Verhältnissen auf[6]. Die Uniform schien ihm Chancen für einen sozialen Aufstieg zu bieten, und so trat er Ende Dezember 1901 mit dem Ziel in die Armee ein, aktiver Unteroffizier zu werden. Zwischen 1903 und 1905 bewährte sich Messe bei einem italienischen Kontingent in China; er machte seine Sache so gut, dass er die Kriegsschule in Modena besuchen und zum Offizier aufsteigen konnte. 1911 wurde er zum Leutnant befördert und verbrachte die nächsten Jahre in Nordafrika, wo er zunächst bei der Eroberung, dann bei der gewaltsamen Pazifizierung Libyens eingesetzt war. Vermutlich hätte Messe seine Laufbahn als verdienter Truppenoffizier beschlossen, wäre Italien nicht 1915 in den Ersten Weltkrieg eingetreten. Die blutigen Schlachten in Norditalien boten ihm jedoch reichlich Gelegenheit sich auszuzeichnen, zuletzt als Kommandeur einer Abteilung der Stoßtruppen, der berühmten *Arditi*. Bei Kriegsende war Oberstleutnant Messe ein gefeierter Kriegsheld, und dieser Ruhm war es auch, der ihm 1923 eine neue Welt eröffnete. Vier Jahre lang diente er als Adjutant am Hof von König Viktor Emanuel III. und knüpfte dort Verbindungen, die für den homo novus von unschätzbarem Wert waren. Nachdem er den Quirinal 1927 verlassen hatte, kommandierte Messe ein Regiment der *Bersaglieri*, der beweglichen Elite der italienischen Infanterie, bevor er 1935 zum Brigadegeneral ernannt wurde.

Über seine politische Orientierung in diesen Jahren wissen wir nicht viel. Man kann jedoch annehmen, dass Messe wie viele seiner Kameraden ein glühender Patriot und Nationalist gewesen ist, überzeugt von der Überlegenheit des eigenen Volkes und der besonderen Mission der italienischen Zivilisation, für deren imperiale Ansprüche er in Übersee gekämpft hatte. Weiter ist davon auszugehen, dass Messe schon wegen seiner Zeit als königlicher Feldadjutant dem Haus Savoyen besonders verbunden gewesen ist und die konservativ-antisozialistischen Grundüberzeugungen des monarchistischen Lagers teilte. Damit gab es genügend Anknüpfungspunkte zur faschistischen Ideologie, so dass es Messe nicht schwerfiel, sich in die Diktatur Mussolinis einzufügen. Die Tatsache, dass zahlreiche seiner Kameraden aus den Reihen der Stoßtruppen zu Mussolinis frühen Gefolgsleuten zählten, ja dass der aggressive, nationalistische und imperialistische *arditismo* zu den Grundbausteinen des Fa-

---

[6] Vgl. Rosita Orlandi, Giovanni Messe – da volontario a Maresciallo d'Italia, in: Italo Garzia/Carmelo Pasimeni/Domenico Urgesi (Hrsg.), Il Maresciallo d'Italia Giovanni Messe. Guerra, forze armate e politica nell'Italia del Novecento. Atti del convegno di studi (Mesagne 27–28 ottobre 2000), Galatina 2003, S. 91–134.

schismus gehörte, dürfte Messes Arrangement mit dem Regime ebenso gefördert haben wie seine persönliche Bewunderung für Mussolini[7]. Nachdem Italien im Juni 1940 an der Seite des Deutschen Reichs in den Krieg gegen Frankreich und England eingetreten war, gewann Messes Karriere so rasch an Fahrt, dass er in drei Jahren vom Generalleutnant zum Marschall von Italien aufstieg. Er profitierte dabei von seinen Fähigkeiten als Truppenführer ebenso wie vom Wohlwollen des „Duce", das ihm auch darüber hinweghalf, dass er als Außenseiter keine guten Karten bei den höheren Kommandos hatte, wo Offiziere von Stand und mit Generalstabsausbildung über die Karrierewege entschieden.

Messe übernahm im Juli 1941 das Kommando über das italienische Expeditionskorps an der Ostfront (CSIR), nachdem der vom *Comando Supremo* zunächst nominierte Francesco Zingales ernstlich erkrankt war. Das CSIR umfasste alles in allem rund 62 000 Mann und kämpfte seit August 1941 im Verband einer deutschen Armee im Süden der Ostfront. Obwohl die Divisionen des königlichen Heeres den Divisionen der Wehrmacht in der Regel unterlegen waren, schlug sich das CSIR achtbar. In der militärischen Leistung der italienischen Truppen spiegelt sich dabei auch die Bedeutung wider, die man in Rom dem Krieg gegen die Sowjetunion beimaß. Das *Comando Supremo* hatte nämlich nur ausgewählte Verbände an die Ostfront entsandt und diese – unter Schwächung der Truppen auf anderen Kriegsschauplätzen – über das eigentlich vertretbare Maß hinaus mit Kraftfahrzeugen und Artillerie ausgestattet[8].

Das Kommando über das CSIR war Messe wie auf den Leib geschneidert. Nicht nur, dass es seiner Eitelkeit schmeichelte, der höchste militärische Repräsentant seines Landes auf dem sowjetischen Kriegsschauplatz zu sein, auch der größere Handlungsspielraum kam ihm entgegen. Allerdings war es auch ein schwieriges Kommando. Dies lag nicht nur an der Härte der Kämpfe, sondern auch daran, dass sich Messe im komplizierten Rollenspiel eines Koalitionskriegs zurechtzufinden hatte. Im Spannungsfeld zwischen den Erwartungen der eigenen Führung und den Ansprüchen der Verbündeten galt es, die richtige Balance zu finden zwischen dem Streben nach militärischem Ruhm und der Rücksicht auf die Leistungsfähigkeit der eigenen Truppe, deren Grenzen dem Kommandierenden General wohl bewusst waren.

---

[7] ACS, SPD-CO 1922–1943, busta 1275, fasc. 510063: Giovanni Messe.
[8] Vgl. Thomas Schlemmer (Hrsg.), Die Italiener an der Ostfront 1942/43. Dokumente zu Mussolinis Krieg gegen die Sowjetunion, München 2005, S. 1–75.

Über die Motive und Ziele, die Mussolini zur Intervention auf dem sowjetischen Kriegsschauplatz bewogen hatten, machte sich Messe offensichtlich kaum Gedanken. Für ihn kam es vor allem im ersten Jahr seines Kommandos darauf an, das Prestige der italienischen Waffen zu mehren und die Tapferkeit der eigenen Soldaten unter Beweis zu stellen – nicht zuletzt den deutschen Bündnispartnern gegenüber. Schließlich hatten die italienischen Streitkräfte 1940 demütigende Niederlagen einstecken müssen, so dass die Siege, die das Expeditionskorps seit August 1941 im Schatten des deutschen Ostheeres erfocht, um so schwerer wogen. Da das militärische Ansehen Italiens auf der Prioritätenskala des Kommandierenden Generals ganz oben rangierte, maß er sowohl die Entscheidungen in Rom als auch die Befehle der vorgesetzten deutschen Stäbe an diesem Kriterium. Schließlich konnte man sich eine Blamage gerade den Deutschen gegenüber nicht leisten, mit denen Messe eine Art Hassliebe verband. Einerseits hielt er sie für arrogant, anmaßend, egozentrisch, rücksichtslos und unkultiviert, andererseits bewunderte er ihr organisatorisches Talent und die Leistungsfähigkeit ihrer Streitkräfte so sehr, dass er nicht genug von ihren Ehrungen bekommen konnte. Die Deutschen wiederum kritisierten zwar Messes Sturheit oder machten sich über seine Eitelkeit und seinen Hang zu theatralischen Gesten lustig, aber sie schätzten seine Fähigkeiten und zeichneten ihn Anfang 1942 mit dem Ritterkreuz aus.

Messes Einschätzung des Krieges gegen die Sowjetunion war stark davon abhängig, wie sich die Beziehungen zwischen den Verbündeten gestalteten. Dies zeigte sich etwa in einer vernichtenden Denkschrift Messes vom Mai 1942, in der dieser die einseitig auf Gewalt setzende deutsche Besatzungspolitik und ihren rassenideologischen Ansatz kritisierte[9]. Allerdings lagen diesem Memorandum weniger moralische, als politisch-pragmatische Überlegungen und die Furcht zugrunde, die sich als „Herrenmenschen" gebärdenden Verbündeten könnten die Doktrin der rassischen Suprematie nach Kriegsende auch auf die Beziehungen zwischen Deutschland und Italien anwenden. Dagegen begrüßte es der General, dass die Deutschen dem Bolschewismus ein für alle Mal ein Ende setzen wollten, wie überhaupt gesagt werden muss, dass die antikommunistische Komponente des Ostkriegs neben der Hoffnung auf Ruhm und Beute das wichtigste Schmiermittel der „Achse" auf dem sowjetischen Kriegsschauplatz gewesen ist.

---

[9] AUSSME, Fondo Messe, busta P, Memorandum (gez. Giovanni Messe): „Note sulla politica germanica in Ucraina" vom Mai 1942.

Je länger Messes Einsatz an der Ostfront dauerte, desto schwieriger wurde seine Position. Als im April 1942 nicht er, sondern der in Nordafrika an Erwin Rommel gescheiterte Generaloberst Italo Gariboldi zum Oberbefehlshaber der 8. italienischen Armee ernannt wurde, die den Vorstoß auf Stalingrad und in den Kaukasus unterstützen sollte, begann er einen tiefen Groll gegen das *Comando Supremo* zu hegen. Eine gedeihliche Zusammenarbeit zwischen Messe und seinem neuen Oberbefehlshaber erwies sich wegen ständiger Reibereien als unmöglich. Und als nach einem heftigen Konflikt mit dem Oberkommando der Heeresgruppe B auch sein Verhältnis zu den Deutschen ruiniert war, entschloss er sich, Mussolini persönlich um seine Ablösung zu bitten. Messes Gesuch wurde entsprochen, und er kehrte im November 1942 in die Heimat zurück. Damit blieb es ihm erspart, die Katastrophe der 8. Armee mitzuerleben, die im Dezember 1942 und im Januar 1943 von der Roten Armee in zwei Teiloffensiven zerschlagen wurde.

Die Missklänge, mit denen Messe von der Ostfront schied, schadeten seiner Karriere nicht. Die staatlich gelenkte Presse förderte und bediente sich seiner Popularität, und noch im November 1942 wurde er wegen seiner Verdienste an der Front zum Generaloberst ernannt. Mussolini hielt ihn sogar für einen der zuverlässigsten Generäle im gesamten königlichen Heer, und vermutlich war es nicht zuletzt darauf zurückzuführen, dass er im Januar 1943 mit einem der wichtigsten Kommandos betraut wurde. Als Oberbefehlshaber der 1. italienischen Armee sollte er in Tunesien den letzten Brückenkopf verteidigen, der den Achsenmächten in Nordafrika noch geblieben war. Und obwohl das Schicksal seiner Divisionen bereits besiegelt war, tat Messe, was er konnte; seine Armee kapitulierte sogar erst – und darauf hielt er sich zeitlebens viel zugute –, nachdem die Deutschen bereits die Waffen gestreckt hatten. Unmittelbar zuvor hatte ihm Mussolini noch seine Beförderung zum Marschall von Italien mitgeteilt.

3. Vom Heerführer Mussolinis zum Organisator der Streitkräfte im Königreich des Südens

Am 13. Mai 1943 wurde Messe gefangengenommen und in ein Lager nach England gebracht. Die Briten brannten darauf, in Erfahrung zu bringen, was die italienischen Generäle wirklich dachten, und hörten deren Gespräche heimlich ab. Messe äußerte sich vorsichtig, ging aber davon aus, dass der Krieg militärisch nicht mehr zu gewinnen sei und dass man alles tun müsse, um die Einheit der Nation zu erhalten und einen Bürgerkrieg zu vermeiden, den er für den Fall voraussah, dass sich die Krone gegen Mussolinis Regime stellte. Zu diesen düsteren Zukunftsaussichten gesellte sich die Befürchtung, Italien und ganz Europa würden nach einer Niederlage der Achsenmächte vom Kommunismus überrannt werden. Diese Furcht, die dem antibolschewistischen Grundzug von Messes Weltanschauung entsprach, trieb zuweilen seltsame Blüten, etwa als der Marschall über die Neuordnung Europas nach Kriegsende nachdachte: Man müsse für eine Verständigung zwischen Italien, Großbritannien und Deutschland sorgen, das zwar geschwächt werden, aber doch stark genug bleiben müsse, um zugleich als Barriere gegen den Bolschewismus und als Anker für Italien dienen zu können. „Denn ohne Deutschland zählst du als Italiener nichts."[10] Dieses Plädoyer für eine vergleichsweise milde Behandlung des Deutschen Reichs, dem er als Heimat seelenloser Barbaren und herzloser Hunnen ansonsten wenig Sympathie entgegenbrachte, war für den glühenden Nationalisten Messe ein Ausdruck der puren Verzweiflung, da er keine andere Chance sah, um sowohl dem Kommunismus als auch einer anglo-amerikanischen Hegemonie Paroli zu bieten.

Nach dem Sturz Mussolinis, der Verkündung des Waffenstillstands und der Besetzung Italiens durch die Wehrmacht war es keine Überraschung, dass Messe die Alliierten wissen ließ, er stehe auf der Seite des Königs und sei entschlossen, gegen die Deutschen zu kämpfen. Und obwohl der Marschall immer wieder zum Ausdruck gebracht hatte, dass er auch den Briten und Amerikanern distanziert gegenüberstand, fassten die Alliierten die Möglichkeit ins Auge, sich der Fähigkeiten dieses Mannes zu bedienen. Er hatte sich als qualifizierter Truppenführer erwiesen, schien verlässlich zu sein und gehörte vor allem nicht zu den durch vielfältige Klientelbeziehungen verbundenen, undurchsichtigen Gefolgsleuten Badoglios, die im Königreich des Südens den Ton angaben. Entsprechend zurückhaltend reagierte der Regierungschef, der nach dem 25. Juli 1943 die noch von Mussolini eingesetzte Spitze der Streitkräfte behalten hatte, auf das Angebot, Messe aus der Gefangenschaft zu entlassen. Allerdings wurde es für Badoglio immer schwieriger, die Männer seines Vertrauens im Amt zu halten. Nicht nur die Alliierten standen ihnen skeptisch gegenüber, auch bei den Resten des italienischen Heeres hatten sie nach dem Desaster des 8. September jede Glaubwürdigkeit verloren. Angesichts dieser Situation akzeptierte Badoglio schließlich die Rückkehr Messes, der am 8. November 1943 in Brindisi ankam und zwei Wochen später zum Chef des

---

[10] PRO, WO 208/4185, Aufzeichnung eines Gesprächs vom Mai 1943.

Stato Maggiore Generale ernannt wurde, nachdem ein letzter Versuch Badoglios gescheitert war, ihn auf elegante Weise abzuschieben[11].

Die Lage, mit der sich der neue Generalstabschef konfrontiert sah, konnte schwieriger nicht sein. Er sollte nicht nur die Streitkräfte nach einem verlorenen Krieg reorganisieren, sondern er sollte diese Mission in einem umkämpften und geteilten Land erfüllen, dessen Souveränität zudem stark eingeschränkt war. Doch warum ging man im Königreich des Südens überhaupt mit so viel Eifer daran, eine neue Armee aufzubauen, obwohl man die dafür nötigen Ressourcen in einem vom Krieg ausgelaugten und zum Teil zerstörten Land auch anders hätte verwenden können? Ausschlaggebend war wohl die von den Alliierten immer wieder genährte Hoffnung, ein möglichst großer eigener Beitrag zum Krieg gegen die Deutschen und zur Befreiung des Landes könne Italien nach Kriegsende einen milden Friedensvertrag bescheren. Auch konnte man nicht tatenlos zusehen, wie Mussolini in seinem Herrschaftsbereich mit deutscher Hilfe neue Truppen rekrutierte. Es war nicht zuletzt Messe selbst, der hochfliegende Hoffnungen mit seinem neuen Amt verband. Freilich musste er rasch einsehen, dass solche Pläne vorerst keine Chance auf Verwirklichung hatten. Denn Briten und Amerikaner setzten weniger auf italienische Kampftruppen, sondern gedachten vielmehr, den befreiten Teil des Landes als strategische Basis zu nutzen, das militärische Material den Partisanen auf dem Balkan zur Verfügung zu stellen und die Soldaten im graugrünen Waffenrock des königlichen Heeres zu Hilfsdiensten heranzuziehen. Mitte 1944 standen folgerichtig nicht mehr als 25 000 italienische Soldaten an der Front.

Nicht einfacher als die Reorganisation der regulären Streitkräfte gestaltete sich das Verhältnis der militärischen Führung zu den Partisanen im besetzten Teil Italiens. Messe hatte diese Art der Kriegführung zwar an der Ostfront wegen ihrer Effektivität schätzen gelernt und war sich auch über die politische Bedeutung der *Resistenza* im Klaren[12], doch ließ es sein tief sitzender Antikommunismus nicht zu, dass er in den Partisanen mehr sah als ein gegenwärtig

---

[11] Vgl. Enrico Boscardi, Il Maresciallo d'Italia Giovanni Messe e la Guerra di Liberazione, in: Garzia/Pasimeni/Urgesi (Hrsg.), Maresciallo d'Italia Giovanni Messe, S. 137–171, und Agostino Bistarelli, Le forze armate nella Repubblica: memoria e interpretazioni della transizione, in: Sergio Bugiardini (Hrsg.), Violenza, tragedia e memoria della Repubblica sociale italiana, Rom 2006, S. 291–307.

[12] Vgl. Carlo Vallauri, Soldati. Le forze armate italiane dall'armistizio alla Liberazione, Turin 2003, S. 285 ff., S. 334 f., S. 340 f. und S. 373.

nützliches Instrument. Längerfristig hielt er die Kämpfer der *Resistenza* für eine potentielle Gefahr und eine lästige Konkurrenz für die regulären Streitkräfte. Daher wollte er die Partisanenverbände nicht nur logistisch unterstützen, sondern sie auch so gut es ging in die bestehende militärische Kommandostruktur einbinden. Dies erwies sich freilich als schwieriges Unterfangen, denn vor allem die Partisanen, die der politischen Linken zuzurechnen waren, sahen in Messe nichts anderes als ein verhasstes Überbleibsel des faschistischen Regimes[13].

Der Aufbau neuer Streitkräfte konnte sich nicht auf rein militärische Aspekte beschränken. Nach dem Ende der faschistischen Diktatur hatte diese Aufgabe zwangsläufig eine politische Dimension. Gleichwohl war Messe von Anfang an darum bemüht, dieses heikle Problem auf möglichst kleiner Flamme zu kochen, technisch-professionelle Gesichtspunkte bei der Bewertung seiner Offiziere in den Vordergrund zu stellen und die Säuberung der Streitkräfte möglichst selbst in der Hand zu behalten[14]. In einer ersten Phase seit Dezember 1943 wurde daher nur geprüft, wie sich hochrangige Truppenführer nach dem 8. September verhalten und ob sie sich dabei für weitere Kommandos qualifiziert hatten. Selbst als Anfang 1944 der Druck auf die Regierung Badoglio seitens der Alliierten und der immer einflussreicheren antifaschistischen Parteien wuchs, die *epurazione* zu intensivieren, wich Messe nicht von seiner Linie ab, die Frage nach der Verstrickung seiner Offiziere in das faschistische Herrschaftssystem – eine Frage, die ihm im Übrigen selbst gefährlich werden konnte – weitgehend auszublenden. Dagegen ordnete er an, alle aktiven Offiziere und Unteroffiziere daraufhin zu durchleuchten, ob sie es nicht mit den Faschisten der Republik von Salò gehalten oder gar mit den Deutschen kollaboriert hatten. Dieses besondere Verständnis von *epurazione*, das bei aller vordergründig unpolitischen Nüchternheit sehr politisch war, sagt viel über das normative Koordinatensystem des Marschalls aus. Der politische Irrtum galt ihm als lässliche Sünde, sofern er nicht mit dem Odium des Verrats behaftet war, professionelles Versagen dagegen war unverzeihlich. Freilich stieß dieses Konzept mehr und mehr auf Kritik, zumal nach der Ablösung Pietro Badoglios durch Ivanoe Bonomi, so dass

---

[13] Vgl. Luigi Argentieri, Messe. Soggetto di un'altra storia. Una radiografia dell'Italia tra passato e presente, Bergamo 1997, S. 240 und S. 252 f.

[14] Vgl. Orlandi, Giovanni Messe, in: Garzia/Pasimeni/Urgesi (Hrsg.), Maresciallo d'Italia Giovanni Messe, S. 124–128, und Hans Woller, Die Abrechnung mit dem Faschismus in Italien 1943 bis 1948, München 1996.

der Generalstabschef bis September 1944 seine Kompetenzen auf dem Feld der politischen Säuberung Zug um Zug verlor.

Messes Stern hatte zu sinken begonnen. Nach der Ablösung Badoglios war der Generalstabschef der exponierteste Repräsentant der alten Garde in grau-grüner Uniform, und es war kein Wunder, dass sich vor allem die Kommunisten auf ihn einschossen. Zugleich versuchte ihn die faschistische Propaganda aus dem Norden zu diskreditieren, was insbesondere Mussolini selbst durch ein giftiges Porträt in seinem Buch „Geschichte eines Jahres" gelang, zumal er aus kompromittierenden Briefen zitierte[15]. Die Gelegenheit, einen Mann loszuwerden, der nicht mehr in die Zeit zu passen schien, ergab sich jedoch erst bei Kriegsende, als die Regierung gegen den Widerstand Messes die Kompetenzen des *Capo dello Stato Maggiore Generale* beschnitt, um die militärische Führung stärker an die politische zu binden. So wurde der Marschall zum 1. Mai 1945 abberufen und 1947 endgültig in die Reserve versetzt.

In seinen eineinhalb Jahren als Generalstabschef hatte Messe schon aufgrund der Umstände wenig Gelegenheit, den neuen italienischen Streitkräften seinen Stempel aufzudrücken. Dennoch war seine Amtszeit mehr als nur eine folgenlose Episode. Denn zum einen war er es, der das Schema, nach dem der politisch-militärische Komplex Italiens schon vor 1922 funktioniert hatte, in die neue Zeit rettete: die Abschirmung der vordergründig apolitischen Militärs vor politischer Einflussnahme bei gleichzeitiger Wahrnehmung ihrer Interessen zunächst durch das Königshaus beziehungsweise später durch den Regierungschef und seinen Verteidigungsminister[16]. Zum zweiten wahrte er beim Neuaufbau der Streitkräfte den Primat der Professionalität und den Vorrang fachlicher vor politischer Eignung. Zum dritten wurde bereits in Messes Amtszeit eine antikommunistische Kontinuitätslinie deutlich, die auch nach 1945 an der Spitze der Streitkräfte bestimmend bleiben sollte und eine Eingliederung ehemaliger Partisanen ebenso erschwerte wie die Demokratisierung einer Armee, in der sich nach wie vor viele einflussreiche Offiziere als überstaatliche Garanten von Recht und Ordnung sahen.

---

[15] Vgl. Benito Mussolini, Geschichte eines Jahres. Enthüllungen über die tragischen Ereignisse zwischen dem 25. Juli und dem 8. September 1943, Mailand 1945, S. 13–29.
[16] Vgl. Virgilio Ilari, Storia militare della prima repubblica: 1943–1993, Ancona 1994, S. 8–14.

4. Geschichte, Politik und die Legende vom guten italienischen Soldaten

Ein Mann wie Messe war freilich viel zu umtriebig, um sich aufs Altenteil zurückzuziehen. Was lag also näher, als der Weg in die Politik? Bei den Parlamentswahlen von 1948 präsentierte er sich noch erfolglos als Kandidat eines nationalen Blocks, um dann 1953 auf der Liste der *Democrazia Cristiana* in den Senat gewählt zu werden. Zu dieser Zeit befand sich Messe bereits seit Jahren im Zentrum einer erbitterten Auseinandersetzung um die Rolle der königlichen Streitkräfte während des Zweiten Weltkriegs im Allgemeinen und um seine eigene Rolle im Besonderen[17]. Dieser Konflikt fügte sich ein in eine Grundsatzdebatte, in der es vor allem um die Deutungshoheit über die Geschichte des Faschismus und der *Resistenza* ging. Als Symbolfigur der monarchistisch-faschistischen Elite war Messe Kommunisten und Sozialisten besonders verhasst, die ihn in ihren Zeitungen wiederholt angriffen und damit nicht nur ihn selbst treffen wollten, sondern die militärische Führungsspitze insgesamt zu delegitimieren suchten. Für Messe war es daher nicht nur eine Frage der persönlichen Ehre, als er sich vehement gegen seine Gegner zur Wehr setzte. Er folgte dabei einem im konservativen Lager weit verbreiteten Interpretationsmuster, das Militär und Faschismus als zwei getrennte Welten betrachtete und die königlichen Streitkräfte gleichermaßen als Opfer einer unfähigen politischen Führung wie als Opfer der perfiden deutschen Verbündeten erscheinen ließ, die sich als zu allen Untaten fähig erwiesen hätten, während der italienische Soldat einen sauberen Krieg geführt habe. Dichtung und Wahrheit in geschickter Form miteinander verknüpfend, gelang so eine Deutung der Vergangenheit, die auf einen breiten Konsens in der Bevölkerung rechnen konnte, die Masse der ehemaligen Faschisten entlastete und die Soldaten der königlichen Streitkräfte pauschal von allen Vorwürfen freisprach.

Als besonders einflussreich, ja als geradezu stilprägende Meistererzählung hat sich sein Buch „Der Krieg im Osten" erwiesen[18], in dem all diese Elemente zusammenflossen und das nicht zuletzt deshalb auf großes Interesse stieß, weil der Krieg an der Ostfront und

---

[17] Vgl. Argentieri, Messe, S. 257–306; zu Messes Rolle in dieser Auseinandersetzung und zu seinen auch geschichtspolitisch relevanten Interventionen vgl. AUSSME, Fondo Messe, buste B, D, E, Q, R und S.
[18] Vgl. Giovanni Messe, Der Krieg im Osten, Zürich 1948; seine Erinnerungen an den Krieg in Nordafrika trugen den Titel: La mia armata in Tunisia. Come finì la guerra in Africa, Mailand 1947.

das ungeklärte Schicksal zehntausender vermisster italienischer Soldaten immer wieder Gegenstand wüster Streitereien zwischen Kommunisten und Vertretern der *Democrazia Cristiana* gewesen sind. Ob Messe, der Ende 1968 im Alter von 85 Jahren starb, mit der Zeit tatsächlich glaubte, was er immer wieder neu bekräftigte, sei dahingestellt. Seine Darstellung des italienischen Beitrags zum Krieg gegen die Sowjetunion ließ sich jedenfalls in wesentlichen Punkten ohne größere Probleme mit anderen Meistererzählungen vereinbaren, wie sie etwa von Mario Rigoni Stern[19] oder Nuto Revelli[20] verfasst wurden. Damit avancierte sie jedoch über die Grenzen politischer Glaubensbekenntnisse hinweg zu einem wichtigen Baustein italienischer Erinnerungskultur, und zwar auch, weil seine apologetische und bewusst lückenhafte Darstellung für bare Münze genommen und kaum jemals ernsthaft hinterfragt wurde. Wie intakt Messes interpretatorisches Gebäude die Jahrzehnte überstanden hat, zeigt etwa die Tatsache, dass der Verlag Mursia noch Ende 2005 eine unkommentierte Neuauflage seines Buches über den Krieg an der Ostfront auf den Markt geworfen hat, obwohl in den letzten Jahren zunehmend der verbrecherische Charakter auch der faschistischen Kriege herausgearbeitet worden ist[21]. Giovanni Messe zählte so zu den Architekten einer italienischen „Variante der deutschen Wehrmachtslegende"[22] und zu den Stichwortgebern einer Geschichtspolitik, die auf die ausschnitthafte „Verkürzung" eines „viel umfassenderen Kriegserlebnisses" und auf die Verdrängung der Erinnerung an den Krieg an der Seite der Deutschen hinauslief[23]. Hat – so wäre abschließend zu fragen – der letzte Marschall von Italien im „Krieg der Erinnerung"[24] vielleicht erfolgreicher gekämpft als auf den Schlachtfeldern des Zweiten Weltkriegs?

---

[19] Vgl. Mario Rigoni Stern, Alpini im russischen Schnee, Heidelberg 1954.
[20] Vgl. Nuto Revelli, Mai tardi. Diario di un alpino in Russia, Turin 2001.
[21] Vgl. Angelo Del Boca, Italiani, brava gente? Un mito duro da morire, Vicenza 2005, S. 145–254.
[22] Süddeutsche Zeitung vom 7. 1. 2002: „Die römische Werwölfin" (Wolfgang Schieder).
[23] Lutz Klinkhammer, Kriegserinnerung in Italien im Wechsel der Generationen. Ein Wandel der Perspektive?, in: Christoph Cornelißen/Lutz Klinkhammer/Wolfgang Schwentker (Hrsg.), Erinnerungskulturen. Deutschland, Italien und Japan seit 1945, Frankfurt a. M. 2003, S. 333–343, hier S. 336 f.
[24] So der Titel des Buches von Filippo Focardi, La Guerra della memoria. La Resistenza nel dibattito politico italiano dal 1945 a oggi, Rom/Bari 2005.

Peter Lieb

Generalleutnant Harald von Hirschfeld

Eine nationalsozialistische Karriere in der Wehrmacht

1. Vom ziellosen Abiturienten zum Wehrmachtsoffizier

Posetschnyi, ein kleines Dorf in der Ostukraine, am 22. April 1942. Der Kommandeur der 1. Gebirgsdivision, Generalleutnant Hubert Lanz, besucht die 7. Kompanie des Gebirgsjägerregiments 98. Sein Gastgeber scheint auf den ersten Blick zumindest äußerlich nicht dem Bild eines gestandenen Gebirgsjägers zu entsprechen: Dürr, zu große Bergmütze, schiefes Koppelschloss und insgesamt eine eher schlaffe Körperhaltung. Doch anders als dieser schnelle Eindruck glauben macht, ist dieser Oberleutnant alles andere als ein durchschnittlicher Kompaniechef, wie schon Ritterkreuz und Infanterie-Sturmabzeichen bezeugen.

Die Rede ist von Harald von Hirschfeld, Jahrgang 1912, der wohl eine der ungewöhnlichsten Biographien der Wehrmachtsgeneralität vorzuweisen hatte. Nicht einmal zweieinhalb Jahre nach der Aufnahme des beschriebenen Photos war der junge Oberleutnant zum Oberst und Führer der 78. Volksgrenadierdivision avanciert. Ende 1944 wurde er zum Generalmajor und nach seinem Tod am 18. Januar 1945 sogar postum zum Generalleutnant befördert. Er war somit der – wenngleich nicht vollpatentierte – jüngste Generalleutnant der deutschen Wehrmacht, ja sogar der gesamten deutschen Militärgeschichte.

Diese rasante Karriere mag sicher auch militärische Gründe gehabt haben, als ausschlaggebend erwiesen sich aber die politischen: Hirschfeld war *der* Prototyp des nationalsozialistischen Offiziers. Bereits vor 1933 stand der damalige Zivilist in engem Kontakt zur NSDAP, im März 1933 trat er dann in die Partei und die SA ein. Im Krieg verkörperte er jenen Typ, den das Regime immer wieder propagierte: den draufgängerischen Kämpfer und Frontoffizier, der bereit war, jedem nur denkbaren Befehl Folge zu leisten. Allein in den ersten drei Monaten des Krieges in der Sowjetunion wurde er sechsmal verwundet. Im November 1941 erhielt er als Kompaniechef das Ritterkreuz, im Dezember 1942 als Bataillonskommandeur sogar das Eichenlaub. „Der Mut des Hauptmanns von Hirschfeld ist sprichwörtlich in der Division", resümierte Lanz im September

*Oberleutnant Harald
von Hirschfeld (links)
und Generalleutnant
Hubert Lanz (rechts) in
Posetschnyi/ Ostukraine,
22. April 1942.*
Quelle: privat

1942[1]. „Ausgeprägte Führerpersönlichkeit" und „sehr gewandt, klug und klar in seinem Urteil" waren weitere positive Charaktereigenschaften, die sich in seinen militärischen Beurteilungen finden lassen. Doch heißt es an anderer Stelle auch: „Ernster undurchsichtiger Charakter", „nicht immer ganz beherrscht" oder „nicht ganz frei von egozentrischen Regungen". Hirschfeld scheint also eine zwiespältige, schwer zu beurteilende Persönlichkeit gewesen zu sein. Diese Ambivalenz ist schon für seine Vita bis 1939 kennzeichnend:

Harald Siegwart Hans Lutze von Hirschfeld wurde am 10. Juli 1912 in Weimar als Sohn eines Wirtschaftsberaters und Großkaufmanns aus altem mecklenburgischen Adel geboren. Seine Kindheit verbrachte er aber nicht in Deutschland, sondern als „Auslandsdeutscher" vor allem in Rio de Janeiro und Madrid. Erst mit 16 Jahren kehrte er in sein Heimatland zurück und legte 1931 am Viktoria-

---

[1] BA-MA, Pers. 6/1386, 1. Gebirgsdivision, IIa, vom 7. 9. 1942: Vorschlag zur vorzugsweisen Beförderung zum Major; die folgenden Zitate finden sich ebenda: Beurteilung zum 29. 5. 1943 auf der Kriegsakademie, Beurteilungsnotizen vom 29. 8. 1944 im Rahmen des Lehrgangs für Höhere Truppenführung, Beurteilung zum 1. 3. 1944 durch Generalleutnant Stettner Ritter von Grabenhofen.

Gymnasium in Potsdam die Primarreife ab. Offenbar wusste der junge Mann aber nicht so recht, wie sein weiteres Leben im Schatten der Weltwirtschaftskrise verlaufen sollte. Es glich zunächst einer wenig zielstrebigen beruflichen und geographischen Odyssee: Nach einer Ausbildung als Landwirtsschüler im Vogtland zog es ihn im Frühjahr 1932 erneut in die Fremde, diesmal nach London. Erstmals wissen wir hier von politischen Aktivitäten. In der Hauptstadt des Britischen Empires schloss sich Hirschfeld den so genannten „Britons" an, einer kleinen faschistischen und radikal antisemitischen Splittergruppe; in deren Organ „Patriot" veröffentlichte er sogar einige Artikel.

Der junge Mann schien damals seine journalistische Ader entdeckt zu haben, denn auch danach betätigte er sich als Schreiberling im rechtsradikalen Spektrum: Auf Empfehlung des Leiters der Rundfunkabteilung Horst Dressler-Andreß schickte ihn niemand Geringerer als Alfred Rosenberg von Herbst 1932 bis Frühjahr 1933 als Auslandskorrespondent des „Völkischen Beobachters" nach Paris. Als die Zeitung nach der Machtübernahme der Nationalsozialisten offizielles Regierungsorgan wurde, kehrte Hirschfeld wieder nach Deutschland zurück, wo er als Adjutant von Friedrich Pfeffer von Salomon im Polizeipräsidium und in der Gestapostelle für den Regierungsbezirk Kassel arbeitete. Hirschfeld war damit bereits sehr früh in den NS-Unrechtstaat institutionell eingebunden – als kleines, aber gleichwohl aktives Rädchen im System. Seine Aufgaben umfassten nach eigenem Bekunden unter anderem: „Bekämpfung aller staatsfeindlichen Bestrebungen in Stadt und Land, politische Überwachung und Bericht über alle Wirtschaftszweige"[2]. Warum er dieses Karrieresprungbrett im März 1935 aufgab oder aufgeben musste, bleibt unklar. Jedenfalls war sein Eintritt in den Freiwilligen Arbeitsdienst im Lager Buckelwiesen bei Mittenwald erst einmal eine Zäsur.

Geographisch hatte seine Irrfahrt aber nun ein Ende gefunden, denn Hirschfeld blieb in Südbayern und trat im Oktober 1935 als Wehrpflichtiger in die 4. Kompanie des Gebirgsjägerregiments 99 ein. Zunächst in der Reserveoffizierslaufbahn, wurde er im August 1938 als Leutnant in den aktiven Dienst überführt. Bei Kriegsbeginn deutete noch nichts auf eine außergewöhnliche Laufbahn hin. Im Gegenteil, alles begann denkbar ungünstig: Als Ordonnanzoffizier beim Stab des Gebirgsjägerregiments 98 im Polenfeldzug eingesetzt, leitete man gegen ihn ein Strafverfahren wegen Plünderung ein. Zwar wurde das Verfahren nach einiger Zeit wieder einge-

---

[2] BA-MA, Pers. 6/1386, handschriftlicher Lebenslauf, undatiert (wohl Anfang 1936).

stellt und Hirschfeld nur mit zehn Tagen Stubenarrest bestraft. Doch hatte seine noch junge Karriere durch diese Affäre bereits beträchtlich Schaden genommen: Man strich ihn von der Stelle als Adjutant des Gebirgsjägerregiments 98, wofür er eigentlich vorgesehen und schon eingearbeitet worden war. Doch damit nicht genug: Während des Frankreichfeldzugs 1940 war er stellvertretender Kompanieführer der Gebirgs-Panzerjäger-Ersatzkompanie 1 in Füssen; den Sieg gegen Frankreich erlebte er also nur am Radio und in der Wochenschau. Als er dann im Spätsommer 1940 in den Westen kam, war der Feldzug bereits vorbei. Hirschfelds Karriere schien weiter unter einem ungünstigen Stern zu stehen; abermals hatte er ein Strafverfahren am Hals, diesmal sogar wegen Landesverrats. Das Verfahren wurde zwar erneut eingestellt, doch war Stubenarrest für einen Offizier zum zweiten Mal binnen eines Jahres wenig ehrenhaft[3]. Erst 1941 erhielt er mit der 7. Kompanie des Gebirgsjägerregiments 98 sein erstes richtiges Frontkommando, in dem er sich bewähren sollte.

2. Hirschfeld als Frontoffizier

Bereits im Oktober 1937 war Hirschfeld zum Gebirgsjägerregiment 98 versetzt worden, dem er mit kurzen Unterbrechungen bis zum Sommer 1944 die Treue hielt. Wenn er dieses Regiment ab Herbst 1943 sogar als Kommandeur führte, so zeigt das, wie sehr es zu seiner Heimat geworden war. Es liegt deshalb nahe, ein paar Worte zu dieser Einheit zu sagen, um Hirschfelds soziales Umfeld besser verstehen zu können. Der erste Kommandeur des Regiments war der später als „Bluthund" und NS-Durchhaltegeneral berüchtigte Ferdinand Schörner, dem die Auswahl von Offiziersbewerbern besonders am Herzen lag, um seinem Regiment ein möglichst geschlossenes Profil zu geben. Neben Schörner formte vor allem Oberstleutnant Josef Salminger, Kommandeur von April bis Oktober 1943, das Gebirgsjägerregiment 98, dessen Selbstverständnis er so zusammen-

---

[3] In Polen hatte sich Hirschfeld eine Silberplatte und eine Kaffeemaschine aus einem verlassenen Schloss angeeignet. Das kriegsgerichtliche Verfahren ließ der Divisionskommandeur, Generalleutnant Ludwig Kübler, einstellen, nachdem sich herausgestellt hatte, dass Hirschfeld die Gegenstände für das Offizierkasino und nicht den persönlichen Gebrauch entwendet hatte. Das Verfahren wegen Landesverrats kam zustande, nachdem Hirschfeld in Besançon in Anwesenheit einer Elsässerin „andeutungsweise über dienstliche, geheimzuhaltende Angelegenheiten gesprochen" hatte. BA-MA, Pers. 6/1386, Gericht der 1. Gebirgsdivision (St.L. 476/40) vom 24. 12. 1940.

fasste: „Dieses Regiment ist nicht bloß ein deutsches Regiment, dies ist ein Hitler'sches Regiment."[4]

Doch eine starke NS-Indoktrination war nicht das einzige Merkmal dieser Einheit. Offiziere wie Salminger waren zweifelsohne erfahrene und militärisch bewährte Führer; ihre Untergebenen sahen in ihm ein Vorbild, schon weil bei Salminger ein begeisternder und mitreißender Führungsstil und ausgeprägtes Fürsorgeverhalten zusammentrafen. Gerade die einfachen Soldaten vergötterten ihren Kommandeur, und sein Tod Anfang Oktober 1943 bedeutete einen Schock für das gesamte Regiment.

Hirschfeld und Salminger hatten als „Kampfoffiziere" viele Gemeinsamkeiten. Nicht umsonst wurden gerade diese beiden Männer in einem Divisionstagesbefehl vom Spätsommer 1942 explizit als „leuchtende Vorbilder ihrer Truppe"[5] genannt. Wagemutige und gefährliche Einsätze vorab der eigenen Linien waren Hirschfelds Spezialität. „H[au]ptm[ann] v. Hirschfeld wird sich durch nichts aufhalten lassen, auch dann nicht, wenn der Ort von Russen wimmelt. Die Brücke muss unter allen Umständen in unsere Hand"[6], lautete beispielsweise sein Auftrag Mitte Juni 1942 zur Einnahme des Don-Übergangs bei Saliman. Durch derartige Sonderaufträge identifizierten sich Hirschfelds Männer sehr schnell vorbehaltlos mit ihrem Anführer, und nicht umsonst bezeichnete man seine 7. Kompanie bald nur noch als die „Hirschfeld-Jäger". Das Gebirgsjägerregiment 98 prägte den jungen Offizier Hirschfeld in eben jenem Maße, wie er ihm als Kompaniechef, Bataillonskommandeur und später als Regimentskommandeur seinen Stempel aufdrückte. Hier hatte er sein ideales soziales Umfeld gefunden; nicht umsonst bezeichnete er sein Regiment in einem Befehl zu Weihnachten 1943 als „Familie" und „Heimat in dieser harten Zeit"[7].

Nachdem Hirschfelds Laufbahn wenig verheißungsvoll begonnen hatte, lastete der Druck umso stärker auf ihm, als im Juni 1941 das Unternehmen „Barbarossa" begann. Der junge Offizier suchte den Erfolg durch sein Charisma als Truppenführer und ideologischen Opportunismus. Trotz der dürftigen Aktenlage lässt sich relativ eindeutig feststellen, wie sehr Hirschfeld seine Untergebe-

---

[4] AKG, 210/2261, Brief Dr. Reinhold Klebe an Mark M. vom 13. 3. 1990.
[5] AKG, 210/032A-ohne, 1. Gebirgsdivision, Kommandeur, Tagesbefehl vom 5. 9. 1942.
[6] BA-MA, RH 28-1/59, Kommandeurbesprechung am 16. 6. 1942, 18 Uhr.
[7] AKG, 210/034B-2623, Gebirgsjägerregiment 98, Kommandeur, Kriegsweihnacht 1943.

nen im Krieg gegen die Sowjetunion und ab 1943 auf dem Balkan radikalisierte und damit auch brutalisierte. So heißt es im Tätigkeitsbericht der Abteilung Ic der 1. Gebirgsdivision über die Kämpfe der „Kampfgruppe v. Hirschfeld" im Kaukasus Ende August 1942 mehrmals: „Gefangene werden nicht eingebracht" oder: „Der Russe lässt sich, wie in den ersten Tagen des Angriffs gegen Klitsch, in der Stellung erschlagen."[8] Von anderen Teilen der 1. Gebirgsdivision sind für diese Zeit keine derartigen Meldungen überliefert – zumindest nicht in den Dienstakten.

Sicher ist, dass Hirschfeld eine zentrale Rolle bei einem Ereignis spielte, das sehr viel bekannter geworden ist: bei den Verbrechen auf Kephalonia im September 1943. Nach dem Kriegsaustritt Italiens landete Hirschfeld mit nur drei verstärkten Bataillonen auf der ionischen Insel. Seine Männer überwältigten nach zweitägigem Kampf die gut 11 500 Mann starke italienische Inselgarnison, die vor allem aus Soldaten der Division „Acqui" bestand. Erneut hatte sich Hirschfeld als Führer von anspruchsvollen militärischen Sonderaufträgen ausgezeichnet. Doch was nun folgte, war eines der größten Kriegsverbrechen der Wehrmacht im Zweiten Weltkrieg: Soldaten von Hirschfelds Kampfgruppe exekutierten etwa 4000 gefangene Italiener, wobei die exakte Zahl bis heute strittig ist.

Über Kephalonia ist bereits viel geschrieben worden; dennoch sei hier ein Aspekt herausgegriffen, der vor allem Hirschfeld betrifft. Der allgemeine Erschießungsbefehl ging nicht – wie bisweilen kolportiert – von der 1. Gebirgsdivision aus. Es handelte sich vielmehr um einen persönlichen Befehl Hitlers, der seine Forderungen mehrmals wiederholte. Gerne wird heute freilich eines übersehen: Die auf Korfu gelandete Kampfgruppe Remold der 1. Gebirgsdivision erhielt genau die gleichen verbrecherischen Befehle wie die Kampfgruppe Hirschfeld. Auf Korfu kam es aber nicht zu Massenerschießungen wie auf Kephalonia. Hirschfeld spielte wohl eine Schlüsselrolle; er war bereit, Hitlers Willen erbarmungslos zu exekutieren. Die Bedeutung dieses Offiziers wird auch an anderen Faktoren erkennbar: Erstens hatten Soldaten seiner Kampfgruppe bereits vor Eingang des verbrecherischen Hitler-Befehls Gefangene erschossen. Und zweitens befahl Hirschfeld auch auf dem albanischen Festland laut eigener Meldung zwischen dem 3. und dem 5. Oktober 1943 während des Unternehmens „Spaghetti" die Exekution von insgesamt 74 gefangenen italienischen Offizieren.

---

[8] BA-MA, RH 28-1/158, 1. Gebirgsdivision, Ic, Tätigkeitsbericht: Einträge vom 21. 8. und 25. 8. 1942.

Wenige Wochen nach Kephalonia fiel der Kommandeur des Gebirgsjägerregiments 98, Oberstleutnant Salminger, einem Anschlag der griechischen Widerstandsbewegung zum Opfer. In den Monaten davor nahmen Selbstherrlichkeit, Rücksichts- und Disziplinlosigkeit in seinem Regiment in ungewohntem Ausmaß zu; mehrere große Kriegsverbrechen – darunter im Rahmen der „Bandenbekämpfung" Kommeno und Mousiotitsas – waren die Folge. Der Divisionsstab und allen voran der Kommandeur, Generalleutnant Walter Ritter von Stettner, hofften, diese Probleme durch einen neuen geeigneten Regimentskommandeur wieder in den Griff zu bekommen. Der IIa der Division, Hauptmann Heinz Groth, schrieb damals in sein privates Tagebuch:

„Wenn es möglich sein wird, einen sehr guten Nachfolger zu finden, der die von Salminger begangenen Fehler in der Offiziershierziehung (Selbstherrlichkeit, Rücksichtslosigkeit) zu beseitigen imstande ist, so wäre die Lücke zu schließen. Nur darf dieser Nachfolger nicht Hirschfeld heißen. Das wäre nicht nur fürs Regiment, sondern für die ganze Division schlimm."[9]

Diese Hoffnungen erfüllten sich aber nicht, denn in der Tat wurde Hirschfeld zum neuen Regimentskommandeur ernannt. Die vom IIa der Division beklagten Mängel wurden dabei freilich nicht beseitigt. Wegen der spärlichen Quellenlage für die 1. Gebirgsdivision ab Herbst 1943 lässt sich Hirschfelds Einfluss auf die Kampfführung seines Regiments nicht mehr en detail nachvollziehen, doch spricht Stettners Beurteilung über Hirschfeld vom Frühjahr 1944 für sich: „Als Erzieher muss er noch mehr Einfluss auf die Disziplin gewinnen."[10] Auch die Meldungen und Berichte Hirschfelds über das gegen die Partisanen gerichtete Unternehmen „Panther" im Herbst 1943 in Nordwestgriechenland zeichnen ein deutliches Bild:

„Sämtliche Ortschaften entlang des Vormarschweges wurden zerstört. [...] Obwohl es zu keinen größeren Kampfhandlungen kam, wurde der Feind aufs Schwerste geschädigt, da seine ganzen Wintervorräte und Winterunterkünfte in diesem Raum restlos vernichtet wurden."

Ähnliches wurde für das Folgeunternehmen „Tiger" gemeldet: „Sämtliche Ortschaften entlang des Arachtostales wurden vernich-

---

[9] StA München, Staatsanwaltschaften 22663, 1 Js 36/64, undatierter Aktenvermerk.
[10] BA-MA, Pers. 6/1386, Beurteilung zum 1.4. 1944.

tet."[11] Insgesamt 50 abgebrannte Dörfer gab Hirschfeld als „Erfolgs-
meldung" nach dem Ende der Operationen an. Allerdings begann
selbst dieser Offizier die Grenzen eines solchen Zerstörungspro-
gramms zu erkennen. In Erfahrungsberichten schlug er Anfang
1944 nach weiteren Unternehmungen – diesmal gegen die jugosla-
wische Widerstandsbewegung – ein anderes taktisches Vorgehen
vor als die bisher bevorzugte Kesselbildung. Einer langsam und
planmäßig vorgehenden Front sollten Kampfbataillone vorauseilen.
Diese hatten nur den Auftrag, am Feind zu bleiben. Diese Taktik
wurde bei späteren Unternehmen der 1. Gebirgsdivision in Griechenland während des Sommers 1944 auch so angewandt. Interessant ist hierbei vor allem Hirschfelds bildlicher Vergleich dieser
Kampfbataillone: Ihr Einsatz sollte „etwa wie im Landsknechtkrieg
[erfolgen], wo der verlorene Haufen vor der geschlossenen Front
kämpfte"[12]. Die Anspielung auf die Kriegführung der Frühen Neuzeit
lässt die Inspiration des jungen Regimentskommandeurs erahnen.

Warum Hirschfeld im Herbst 1943 gegen den Willen des Divisionsstabs zum Regimentskommandeur ernannt werden konnte, ist
unklar. Wahrscheinlich erhielt er starke Rückendeckung aus dem
Heerespersonalamt, möglicherweise auch von Parteiseite. Der Chef
des Heerespersonalamts, General Rudolf Schmundt, soll Trauzeuge
bei der Vermählung im März 1943 mit Sylvina Gräfin von Dönhoff
gewesen sein, andere Quellen sprechen gar von Martin Bormann.
Ungewöhnlich war auch sein Karrieresprung, denn schließlich
führte er kein Frontkommando, sondern nur ein Regiment im
„Bandenkampf" auf dem Balkan. Dieses Faktum konnte aber in den
folgenden zehn Monaten seine Beförderungen zum Oberstleutnant
und schließlich zum Oberst nicht verzögern. Im Mai 1943 hatte
man Hirschfeld nach dem Lehrgang auf der Kriegsakademie noch
als Ia einer Division vorgesehen, doch ein gutes Jahr später, im
August 1944, schickte man ihn auf Divisionsführerlehrgang.

Am 22. September 1944 übernahm er noch als Oberst die Führung der neu formierten 78. Volksgrenadierdivision. Das Prestige
ihrer Vorläuferin, der württembergischen 78. Sturmdivision, war in
der Wehrmacht besonders groß. In gut zwei Jahren hatte es Hirsch-

---

[11] BA-MA, RH 28-1/192, Feindlagebericht im Raum der Kampfgruppe von
Hirschfeld während des Unternehmens „Panther" vom 23. 10. 1943 und Feindlagebericht Raum Kampfgruppe von Hirschfeld während des Unternehmens „Tiger" vom 28.10.1943.
[12] BA-MA, RH 37/7509, Gebirgsjägerregiment 98, Kommandeur: Erfah-
rungsbericht über die Unternehmen „Kugelblitz" und „Schneesturm" vom
1. 1. 1944.

feld also vom Kompaniechef zum Divisionskommandeur gebracht. Wie kaum ein Zweiter profitierte er von dem seit Herbst 1942 im Heer eingeführten Leistungsprinzip in der Offiziersbeförderung. Für das Regime vereinte er in idealtypischer Weise die Eigenschaften eines Kämpfers mit denen eines vorbehaltlosen Nationalsozialisten. Ein Anfang 1943 für den Schulgebrauch herausgegebenes Heftchen „Ritterkreuzträger" präsentierte ihn denn auch als leuchtendes Vorbild für die Jugend[13].

3. Karrieremuster

Dass Hirschfeld im Herbst 1944 nicht das Kommando über eine Infanteriedivision erhielt, sondern eine Volksgrenadierdivision führen sollte, war kein Zufall. Dieser neue Divisionstyp war eine Idee Heinrich Himmlers, der als Befehlshaber des Ersatzheeres und Chef der Heeresrüstung damit möglicherweise eine Verschmelzung von Wehrmacht und Waffen-SS zu einem großen „Nationalsozialistischen Volksheer" vorbereiten wollte. Es ist daher keine Überraschung, dass sich die Kommandeure der Volksgrenadierdivisionen in Sozialstruktur und Werdegang teilweise beträchtlich von anderen Divisionskommandeuren unterschieden, wie sich etwa am Beispiel des Westheeres[14] zeigen lässt. So entstammten von den insgesamt 51 Kommandeuren der Volksgrenadierdivisionen am 1. Dezember 1944 gerade noch drei aus adligen Häusern (sechs Prozent), bei den 53 Divisionskommandeuren des Westheers waren es am 1. September 1944 immerhin noch 25 Prozent. Der prägnanteste Unterschied zwischen den Kommandeuren/Führern der Volksgrenadierdivisionen und jenen gewöhnlicher Heeresdivisionen lag jedoch in der Altersstruktur. Während alle Divisionskommandeure des Westheeres noch im Ersten Weltkrieg gekämpft hatten, waren zwölf Kommandeure der Volksgrenadierdivisionen (24 Prozent) dafür 1918 zu jung gewesen. Gerade diese Männer aber machten im Zweiten Weltkrieg eine rasante Karriere. Mehr als ein Drittel der Kommandeure der Volksgrenadierdivisionen waren 1939 noch nicht über den Rang eines Hauptmanns hinaus gekommen; ein weiteres Drittel erlebte den Kriegsbeginn als Major. Dagegen hatten alle Kommandeure der Westdivisionen den Zweiten Weltkrieg mindes-

---

[13] Vgl. Ritterkreuzträger. Eichenlaubträger Major Harald von Hirschfeld, o.O. 1943.
[14] Vgl. hierzu die Tabellen im Anhang bei Peter Lieb, Konventioneller Krieg oder NS-Weltanschauungskrieg? Kriegführung und Partisanenbekämpfung in Frankreich 1943/44, München 2007.

tens als Stabsoffiziere oder bereits gar als Generalmajore begonnen. Das NS-Regime plante offenbar, mit den Kommandeuren der Volksgrenadierdivisionen eine neue militärische Elite zu formen, die vorrangig aus jungen, fronterfahrenen Offizieren bestehen sollte.

Doch auch innerhalb dieser neuen Elite blieb Hirschfelds Karriere eine Ausnahme. So war er einer von nur drei adligen Kommandeuren; die restlichen 48 entstammten bürgerlichen Familien. Ferner hatte er erst nach 1935 den Weg zum Militär gefunden; damit stand er zwar nicht allein, aber die anderen sechs Kommandeure, die ähnlich spät in die Wehrmacht eingetreten waren, konnten immerhin auf Erfahrungen aus dem letzten Krieg zurückblicken. 1912 geboren, war Hirschfeld immerhin drei Jahre jünger als der zweitjüngste Divisionskommandeur, Theodor Tolsdorff, und als einziger 1939 nur Leutnant gewesen.

Über Hirschfelds nur wenige Monate während Dienstzeit an der Spitze der 78. Volksgrenadierdivision ist vergleichsweise wenig bekannt, da amtliche Unterlagen gänzlich fehlen. Die nach dem Krieg vom Kameradenkreis herausgegebene Divisionsgeschichte würdigte ihn als „jugendliche[n] und tatenfrohe[n] Eichenlaubträger"[15], der sich um die Ausbildung und den Zusammenhalt dieser neuen Division sehr verdient gemacht habe. Täglich habe er die Kompanien und Bataillone an vorderster Front besucht und sich um das Wohl der Soldaten gesorgt. Besonderen Anklang fanden seine Kaffeenachmittage: Frontsoldaten aller Dienstgrade wurden für ein paar Stunden aus ihren Stellungen zu einem informellen Zusammensein auf dem Divisionsgefechtsstand befohlen; im Gegenzug mussten Angehörige des Divisionsstabs in jenen Stunden die vakanten Positionen an der Front besetzen. Das brachte ihm – wie schon zuvor im Gebirgsjägerregiment 98 – das Vertrauen seiner Soldaten ein. Ob und wenn ja inwieweit Hirschfeld seine Division ideologisch im NS-Sinne schulte und zu fanatisieren versuchte, lässt sich nicht mehr feststellen. Sein bisheriger Lebenslauf spricht freilich für diese Vermutung.

Am 18. Januar 1945, kurz nach Beginn der großen sowjetischen Winteroffensive, wurde Harald von Hirschfeld bei einem Tieffliegerangriff in der Nähe des Dukla-Passes tödlich verwundet. Für die NS-Propaganda diente er weiterhin als Ideal eines hervorragenden Offiziers neuen Typs. Zwei Wochen nach seinem Tod zierte er das Titelblatt des „Illustrierten Beobachters"; dass er mittlerweile gefallen war, verschwieg man ganz einfach.

---

[15] Ludwig Merker, Das Buch der 78. Sturm-Division, Tübingen 1955, S. 304.

Harald von Hirschfeld war in militärischer Hinsicht ein über-durchschnittlich befähigter Offizier, der sich in ausgeprägter Weise um seine Untergebenen kümmerte. An seinem Beispiel lässt sich vielleicht verstehen, wie gewöhnliche Soldaten einem charismatischen Offizier bedingungslos folgen konnten. Diese Form des Zusammengehörigkeitsgefühls ließ wahrscheinlich Bedenken gegen Verletzungen von Recht und Moral schwinden. Hirschfelds Blitzkarriere in der zweiten Kriegshälfte bleibt ohne seinen politischen Standpunkt und ohne seine Verbindungen zum NS-Regime unverständlich. Gewiss, einen idealtypischen NS-Offizier konnte es per definitionem in der Realität nicht geben. Doch kam Hirschfeld sehr nah an die Inkarnation aller Eigenschaften heran, die der Nationalsozialismus von den Wehrmachtsoffizieren forderte: Jugend, Tatfreudigkeit, Ideenreichtum, Kämpfertypus und Fronterfahrung, Initiative, Fürsorgeverhalten, unbedingte Loyalität gegenüber der Partei und der NS-Ideologie, Kompromisslosigkeit, Fanatismus und vor allem eine bis in die äußerste Brutalität gehende Rücksichtslosigkeit und Härte.

Auch wenn sich das Offizierkorps des Heeres im Allgemeinen und die Generalität im Besonderen in den letzten Kriegsjahren und vor allem Kriegsmonaten drastisch verjüngten und immer mehr Offiziere diesem NS-Profil entsprachen, so blieb die Person Hirschfeld insgesamt doch eine Ausnahmeerscheinung. Innerhalb des Heeres stehen lediglich Generalleutnant Theodor Tolsdorff sowie die beiden Generalmajore Otto Ernst Remer und Erich Bärenfänger für einen ähnlichen Karriereverlauf[16]. Eine Handvoll weiterer

---

[16] Theodor Tolsdorff (1909–1978) war zu Beginn des Kriegs Oberleutnant. Am 1.1.1945 als Kommandeur der 340. Volksgrenadierdivision zum Generalmajor und am 1.4.1945 zum jüngsten vollpatentierten Generalleutnant des Heeres befördert, kommandierte er bei Kriegsende das LXXXII. Armeekorps. Otto Ernst Remer (1912–1997) spielte als Kommandeur des Wachbataillons „Großdeutschland" bei der Niederschlagung des Staatsstreichs vom 20. Juli 1944 eine entscheidende Rolle und wurde von Hitler vom Major zum Oberst befördert. Ab 30.1.1945 Generalmajor befehligte er die Führer-Begleit-Division. Nach dem Krieg trat er als rechtsradikaler Politiker und Holocaust-Leugner hervor. Erich Bärenfänger (1915–1945) begann den Krieg 1939 als Leutnant der Reserve. Nach einer Verwundung fand der mit Eichenlaub und Schwertern zum Ritterkreuz ausgezeichnete Frontoffizier 1944 Verwendung als Inspekteur der Wehrertüchtigungslager der Hitlerjugend. Im April 1945 zum Generalmajor befördert, war er mit 30 Jahren der jüngste General der deutschen Wehrmacht. Als Führer eines Verteidigungsabschnitts in der Schlacht um Berlin nahm sich Bärenfänger nach dem Ende der Kämpfe das Leben.

jüngerer Generäle ließe sich noch hinzurechnen[17]. Letztlich gab es aber insgesamt selbst bei Kriegsende zu wenige Generäle dieses Schlages, um eine neue Elite für das „Nationalsozialistische Volksheer" zu formen.

---

[17] Neben Hirschfeld, Tolsdorff, Remer und Bärenfänger machten vor allem acht nach 1905 geborene Heeres-Generäle während des Krieges rasch Karriere: Karl Kötz (1908–1977), Gerhard Engel (1906–1976), Wilhelm Bleckwenn (1906–1989), Max Sachsenheimer (1909–1973), Dietrich Beelitz (1906–2002), Friedrich Drescher (1906–1984), Wolf Rüdiger Hauser (1906–1965), Johannes Hölz (1906–1945); Beelitz, Drescher, Hauser und Hölz durchliefen die klassische Stabsoffizierlaufbahn, waren also keine Frontoffiziere. Heinrich Walter Bronsart von Schellendorf (1906–1944), Helmut Wortmann (1907–1944) und Heinz Brandt (1907–1944) wurden nach ihrem Tod noch zum Generalmajor befördert.

Hermann Graml
Am Beispiel meines Bruders
Oberleutnant Bernhard Graml

1. Werdegang und Quellen

Mein Bruder Bernhard wurde am 19. März 1920 geboren – der Kapp-Putsch war noch nicht gänzlich niedergeschlagen, der Generalstreik, der dem Putsch den Garaus machte, dauerte vielfach noch an, und so musste er sich in Regensburg ohne Hilfe einer Hebamme auf die Welt mühen; ob dieser schwierige Start sein lebenslanges Misstrauen gegen linke Politiker und linke Politik begründet hat, kann naturgemäß nicht mehr geklärt werden. Nach Gymnasialjahren in Miltenberg am Main, in Regensburg und in Günzburg an der Donau machte er im Frühjahr 1938 in dem gemütlichen schwäbischen Städtchen das Abitur und entschloss sich, an die Schulzeit sofort den obligatorischen Arbeits- und Wehrdienst, damals zweieinhalb Jahre, anzuhängen, um dann ohne störende Unterbrechung studieren zu können. Adolf Hitler sah das anders, und so zog Bernhard im September 1939, nach einem Jahr, in dem er beim Infanterieregiment 40 in Augsburg gedient hatte, mit jenem Regiment in den Krieg, wo er sich in Polen die erste Verwundung holte. Im April 1945 endete der Krieg für ihn mit der siebten Verwundung, die er in einem Gefecht mit amerikanischer Infanterie davontrug. In den fünfeinhalb Jahren dazwischen avancierte er vom Schützen bis zum Oberleutnant der Reserve und brachte außerdem einen eindrucksvollen „Klempnerladen" zusammen, das heißt Orden und Kampfabzeichen auf der linken wie auf der rechten Seite der Uniform.

Wenn ich zu erklären suche, wer sich hinter diesen dürren Daten verbirgt, so stehen mir drei Quellen zur Verfügung. Die erste und gewiss unzuverlässigste ist meine Erinnerung. Dass es meine Erinnerung an den Soldaten Bernhard Graml überhaupt gibt, ist einem Zufall zu verdanken. Normalerweise macht ja ein Abstand von fast neun Jahren brüderliche Nähe fast unmöglich. Wir lernten uns aber sehr gut kennen, als er nach einer schweren Verwundung in Russland einen längeren Genesungsurlaub zu Hause verbrachte, und zwar im Dezember 1944 und Januar 1945, als ich wiederum drei gloriose Wochen Weihnachtsurlaub bekommen hatte. Jetzt, da ich auch Uniform trug, nahm er mich ganz anders wahr als vordem, und in vielen Nächten hörte ich bis zum Morgengrauen gebannt

Bernhard Graml.
Quelle: privat

seinen Erzählungen und Bekenntnissen zu. Die zweite Quelle sind seine Erinnerungen, die er in den letzten Jahren vor seinem Tod, der ihn 1999 überraschte, diktiert hat[1]. Diese Erinnerungen sind ein erstaunlich detailliertes Logbuch seines Wegs durch den Zweiten Weltkrieg. Sie zeigen, obwohl zurückhaltend und ohne jede Ruhmredigkeit formuliert, einen offensichtlich exzellenten Soldaten und Offizier, sind allerdings dermaßen auf die Gefechte konzentriert, an denen er teilgenommen hatte, dass völlig unklar bleibt, welche Motive eigentlich hinter diesen Leistungen steckten. Solcher Mangel wird jedoch auf erfreulichste Weise durch die dritte Quelle behoben, nämlich durch die Briefe, die er zwischen 1938 und 1945 an die Eltern geschrieben hat, beziehungsweise getrennt an die Mutter und den ebenfalls jahrelang eingezogenen Vater. In ihnen treten die Beweggründe eines Soldaten des Jahrgangs '20 sogar so scharf umrissen hervor, dass, auch gestützt auf meine Erinnerungen, eindeutige Resultate gefunden werden können.

---

[1] Diese und die dritte Quelle, die Briefe, befinden sich im Besitz von Frau Maria Graml und des Verfassers.

2. Kriegserlebnis und Mentalität

Ein negativer Befund vorweg. In allen drei Quellen weist nichts, nicht einmal ein winziges Indiz, darauf hin, dass der Infanterist Bernhard Graml je etwas mit NS- oder Kriegsverbrechen zu tun gehabt hat, ob als Täter oder als Zeuge. Vielmehr liefern alle drei Quellen reiche Belege für die – an sich naheliegende – Feststellung, dass das Gros – ich betone: das Gros – der Kampfdivisionen nahezu pausenlos an der Front gebunden war und weder Gelegenheit noch Zeit hatte, als Instrumente nationalsozialistischer Besatzungspolitik oder der Judenvernichtung zu handeln. Auch ist bemerkenswert, dass die wahren Ziele des Angriffs auf die Sowjetunion in allen drei Quellen nicht mit einer Silbe auftauchen: weder antislawischer Rassismus als Rechtfertigung nationalsozialistischer Raumpolitik noch die Raumpolitik selbst. Dazu passt, dass jedenfalls er und die anderen Angehörigen der 167. Infanteriedivision, die sich in den Wochen vor dem 22. Juni 1941 durch Polen bis zum Bug quälen, mit keinem Anzeichen so etwas wie Begierde verraten, sich zur Vorbereitung deutscher Ostsiedlung auf die russischen Untermenschen zu stürzen. Vielmehr haben sie keine Vorstellung, was sie in diesen östlichen Gegenden eigentlich sollten. So heißt es in den „Erinnerungen":

> „Am 30. Mai [1941] wurden wir auf dem Bahnhof in Dillingen in Güterwägen verladen [...]. Niemand wußte, wohin wir transportiert werden sollten. Wir alle wünschten, nach Frankreich zu kommen. Erst als wir von Nürnberg aus in Richtung Berlin fuhren, merkten wir, wohin die Reise ging. Außerdem wurde während des Transports polnisches Geld ausgeteilt. Wir rätselten, was wir ausgerechnet in Polen tun sollten. An einen Angriff auf Russland dachte niemand."

Nachdem klar geworden war, dass in Polen ein großer Aufmarsch im Gange war, „überlegten wir, was der Sinn dieses Aufmarsches sein könnte. Nach Lage der Dinge konnte an sich nur Russland der Grund [...] sein. Niemand wollte aber so recht glauben, dass wir Russland angreifen könnten."[2] Die zeitgenössischen Briefe des damaligen Unteroffiziers bestätigen dies vollauf. Am 1. Juni 1941 lässt er die Eltern wissen, dass er und seine Kameraden es sehr wohl noch im Höchstädter Quartier ausgehalten und dass sie keine Ahnung hätten, was los ist. Noch am 15. Juni schickt er den Stoßseufzer nach Hause: „Möglichst rasch wieder heraus aus diesem Affenland –

---

[2] Erinnerungen, S. 37.

Staub, Dreck und wieder Staub." Wer schon einmal, wie er, den pol-
nischen Staub geschluckt habe, sei dies alles ja gewohnt. „Aber die
Jungen", schreibt der 21jährige, „machen ziemliche Gesichter."
Nach Beginn des Feldzugs fallen respektvolle Bemerkungen über
den „zähen" russischen Gegner, freundliche Bemerkungen über
die Zivilbevölkerung, die glücklich sei über „Stalin kaputt", freilich
Angst vor der Rückkehr der Bolschewiken habe[3]. Die für mitteleuro-
päische Augen schlimmen Verhältnisse im Lande werden konsequent dem kommunistischen System angelastet. So urteilt er am
26. August 1941: „Im allgemeinen kann man sagen, daß der Bolschewismus es glänzend fertiggebracht hat, den Menschen alles, aber
auch alles zu nehmen, was Leben angenehm macht." Die Bolschewiken hätten es verstanden, „aus diesem Volk eine Herde zu machen, mit der man alles machen kann und die sich alles gefallen
läßt".

Dieser Sachverhalt ist um so bemerkenswerter, als hier ein junger
Mann über die nationalsozialistischen Ostpläne und ihre Voraussetzungen schweigt, der sich selbst anfänglich durchaus als Nationalsozialist versteht und bekennt – und das nicht ganz zu Unrecht.
Während ihm unsere Mutter Mitte September 1939 mitteilt, in den
ersten Tagen des Krieges hätten die Leute im Heimatdorf sogar
über den „Führer" lästerlich geschimpft und gefragt, „wozu brauchen wir Danzig, wozu brauchen wir den Korridor"?, klärt er eben
diese Mutter auf, dass Deutschland in den Krieg getrieben worden
sei, und zwar von den Juden, den Freimaurern, dem Großkapital
und der römischen Kirche. An taktischer Offensive beteiligt, wähnt
er sich als Soldat in strategischer Defensive. Anders gesagt: er zog
also in den Krieg, weil er glaubte, das Vaterland verteidigen zu
müssen, so wie der Vater, der 1914 als Kriegsfreiwilliger in Flandern
verwundet wurde. Dieses Motiv blieb auch weiterhin das erste und
bestimmende; alles Sonstige muss als kontributiv verstanden
werden. Die Mehrzahl seiner Kameraden empfand und dachte
ebenso[4].

Allerdings ist der Zusatz an nationalsozialistischer Ideologie
nicht zu verkennen. Seine brieflich festgehaltene Vorstellung ist in
einem Sinne an Linientreue nicht zu übertreffen. Da sehen wir in
der Tat – und das ist doch anders als 1914 beim Vater – ein Produkt

---

[3] Briefe an die Eltern vom 2. 9. und 8. 8. 1941.
[4] Briefe der Mutter vom 8. 9. und 22. 9. 1939. Dem Vater gegenüber äußerte
er sich nicht anders, so in einem Brief vom 22. 12. 1939.

nationalsozialistischer Pädagogik, ein Opfer nationalsozialistischer Propaganda, wohlgemerkt ein konkretes und fassbares Produkt, nicht eine jener schwer greifbaren, sich genauerer Beschreibung und Definition verweigernden Gestalten, wie sie uns zuletzt Günter Grass in seiner eigenen Person vorgesetzt hat. Mit unserem Elternhaus, in dem die konstitutionelle Monarchie als Ideal galt, hatte das nichts zu tun. Der junge Soldat aber hat bereits als Gymnasiast Hitlers „Mein Kampf", Alfred Rosenbergs „Mythus des 20. Jahrhunderts" und Houston Stewart Chamberlains „Grundlagen des 19. Jahrhunderts" gelesen, und zwar nicht nur, weil man mit Zitaten aus diesen Büchern den Religionslehrer und sonstige konservative Lehrkräfte in höchst befriedigende Verlegenheit setzen konnte, sondern weil er tatsächlich Orientierung suchte und zeitweilig auch fand, eine Orientierung, die „political correctness" – der damaligen Zeit – aufs angenehmste mit Rebellion gegen die alten etablierten Gewalten verband.

Hier drängt sich die Frage auf, wie es denn kommen konnte, dass auf einen potentiell zu den Gebildeten im Lande zählenden Gymnasiasten nationalsozialistische Theoreme Eindruck machten, noch dazu, wenn sie von Autoren verfochten wurden, die – Chamberlain bis zu einem gewissen Grade ausgenommen – ein miserables Deutsch schrieben. Die Annahme, dass Verführer höherer Ordnung gewirkt haben müssen, vor und parallel zu den genuin nationalsozialistischen Propheten, ist naheliegend und auch richtig. Gelegentlich wird ja darüber nachgedacht, welchen Einfluss denn Denker wie etwa Friedrich Nietzsche tatsächlich gehabt haben, Einfluss nicht auf andere Philosophen und Schriftsteller wie zum Beispiel Ernst Jünger, sondern auf jene breiteren und für die Entwicklung einer Nation so wichtigen Lesergruppen, die gewöhnlich stumm und anonym bleiben. In dem Gymnasiasten und jungen Soldaten Bernhard Graml haben wir nun einen Fall vor uns – und es hat fraglos viele gleichgelagerte Fälle gegeben –, in dem nachweisbar ist, in welchem Maße die brillante und artistische Handhabung der deutschen Sprache, zu der ein Zauberer wie Nietzsche fähig war, einen jungen Mann, der nach Welterklärung dürstete, zu bannen und zu überzeugen vermochte. Mit geradezu religiöser Inbrunst, die sonst nicht an ihm zu bemerken war, hat der Oberleutnant Graml noch im Dezember 1944 seinen jüngeren Bruder zur Sicht der Welt und zum Menschenbild Nietzsches zu bekehren versucht, wenn auch zu seinem Schmerz ohne Erfolg, weil ich, ohne dass ich das wirklich verstanden hätte, auf eine mit dem Zauberstab ausgeübte Sprachgewalt schon damals mit Ablehnung und Abwehr reagierte.

Später haben wir beide begriffen, wie ihn Nietzsche bereits früh überwältigt und ihm Feindbilder gleichsam eingeredet hatte. Dies gilt etwa für die Polemik gegen das Christentum, die, wie manche Interpreten meinen, bei Nietzsche ein Oberflächenphänomen sein mag, aber an Aggressivität und an überredender Kraft nichts zu wünschen übrig lässt. Mithin ist klar zu erkennen, dass Nietzsche sozusagen ein Tor aufgestoßen hat, durch das sich dann auch viertklassige Epigonen und verfälschende Vereinfacher in die Geister junger Wahrheitssucher drängen konnten. Wer daran zweifelt, dass Denker mit Büchern politische Wirkung zu erzielen vermögen, sollte sich daran erinnern, dass es lange nach Kriegsende ebenfalls Verführer von Rang gab, die auf junge – und gewiss auch oft falsch verstehende – „Idealisten" bestimmenden Einfluss ausübten; man braucht nur an Marcuse und Adorno zu denken. Nietzsche war aber kein Apostel von Lebensraum-Programmen im nationalsozialistischen Sinne, er fand und erfand sich Objekte seines Zorns in realen oder vermeintlichen Fehlentwicklungen der eigenen Kultur. Wie Thomas Mann gesagt hat:

„Nietzsche, fern allem Rassenantisemitismus, sieht allerdings im Judentum die Wiege des Christentums und in diesem, mit Recht, aber mit Abscheu, den Keim der Demokratie, der französischen Revolution und der verhaßten ‚modernen Ideen', die sein schmetterndes Wort als Herdentier-Moral brandmarkt. ‚Krämer, Christen, Kühe, Weiber, Engländer und andere Demokraten', sagt er, denn den Ursprung der ‚modernen Ideen' sieht er in England (die Franzosen, meint er, waren nur ihre Soldaten), und was er an diesen Ideen verachtet und verflucht, ist ihr Utilitarismus und Eudämonismus, ihre Erhebung von Frieden und Erdenglück zu höchsten Wünschbarkeiten."[5]

All dies findet sich in den Briefen des jungen Soldaten und kann vielleicht erklären helfen, warum seine Augen auf westliche Gegner und nicht auf Ziele im Osten gerichtet waren. Jedenfalls schreibt er noch am 7. April 1940, dieser Krieg sei „nur das Werk einer kleinen Clique von Juden, Freimaurern und Pfaffen"[6].

Zwischen dem Feldzug in Frankreich und dem Angriff auf die Sowjetunion vollzieht sich jedoch eine erstaunliche Wandlung. Zunächst erlebt er die Verteidiger der Maginot-Linie als keineswegs

---

[5] Thomas Mann, Nietzsches Philosophie im Lichte unserer Erfahrung, in: ders., Essays, hrsg. von Hermann Kurzke und Stephan Stachorski, Bd. 6: Meine Zeit 1945–1955, Frankfurt a. M. 1997, S. 56–92, hier S. 77.
[6] Die Mutter machte ebenfalls die Engländer für den Krieg verantwortlich, mehr als die Franzosen, Brief vom 22. 9. 1939.

degenerierte, sondern überaus achtenswerte Gegner, die seinem Begriff eines guten Soldaten genau entsprechen[7]. In den Wochen nach den Kämpfen wird der Unteroffizier, weil er etwas Französisch spricht, mit unterschiedlichsten Sonderaufträgen kreuz und quer durch ein relativ großes Besatzungsgebiet geschickt, er muss mit vielen Bürgermeistern verhandeln[8], er lernt Mädchen kennen, die sich für diesen „Boche" interessieren und ihm ungescheut die unausweichliche Niederlage des Dritten Reichs vorhersagen. Die allmählich tiefer werdende Kenntnis französischer Lebensart und französischer Kultur bewirkt zwar noch keine Abkehr von den Grundlehren Nietzsches, macht aber jede grobe politische Konkretisierung und Nutzanwendung unmöglich, zumal am Ende die Überwältigung durch Paris steht, als seine Einheit dort für einige Wochen Wachregiment wird. Aus seinen Briefen verschwinden antiwestliche, sogar anti-jüdische Bemerkungen, und als er nach einer Doppelverwundung im Winter 1941 zu einer in der Bretagne neu aufgestellten Division versetzt wird – was er natürlich zu etlichen Abstechern nach Paris nutzt – und mit dieser Division im Oktober 1942 wieder an die Ostfront kommt, gesteht der Leutnant Graml seiner Mutter, dass er nur ungern aus Frankreich und seiner Kultur scheide[9]; die Vorliebe für französische und dann auch englische Literatur und Kunst sollte ihm bis ans Lebensende bleiben. Dass die Wandlung auch seine politischen Ansichten erreichte, zeigen kleine Wendungen in seinen Briefen, Beiläufigkeiten, so als er während eines Wiener Lazarettaufenthalts, nachdem er im Burgtheater „Don Carlos" angeschaut hatte, der Mutter berichtet, das Publikum sei in starken Szenenapplaus ausgebrochen, als Marquis Posa forderte: „Sire, geben Sie Gedankenfreiheit!" Das Bemerkenswerte daran ist, dass er die Mitteilung nicht mit dem kleinsten kritischen Kommentar begleitete[10]. Auch mit solcher Entwicklung ist er gewiss kein Einzelfall, und es zeigt sich darin, welche Bedeutung Frankreich trotz oder besser in der Niederlage für die deutsche Rückkehr in die europäische Gesittung gewonnen hatte.

Die militärische Leistungsbereitschaft ist durch all das freilich nicht beeinträchtigt worden. Als er seiner Mutter im Oktober 1942 schrieb, wie ungern er Frankreich verlasse, fügte er hinzu: „Aber als Soldat gehört man schließlich dahin, wo die Entscheidungen fallen und wo gekämpft wird." Da er wohl sah, wie wenig beruhigend ein

---

[7] Erinnerungen, S. 30–35.
[8] Brief an den Vater vom 26. 7. 1940.
[9] Brief an die Mutter vom 18. 10. 1942.
[10] Brief an die Mutter vom 18. 12. 1941.

solcher Satz für eine Mutter sein musste, hängte er sogleich die Behauptung an, einem Manne mit seiner Fronterfahrung könne praktisch nichts mehr passieren; unseren Vater, der schließlich ein Veteran der Westfront des Ersten Weltkriegs war, hat er mit derartigen Tröstungen wohlweislich verschont. Nach meinen Beobachtungen waren für die den ganzen Krieg hindurch anhaltende soldatische „Einsatzbereitschaft", wie das damals hieß, – neben dem für den Sohn einer bürgerlichen Familie jener Jahre selbstverständlichen Nationalismus und Patriotismus – zwei Gründe ausschlaggebend.

Erstens erscheint mit dem Angriff auf die Sowjetunion ein neues starkes Motiv, das in den „Erinnerungen" meines Bruders in einer aufschlussreichen Szene festgehalten ist. Am 21. Juni 1941, nachdem die vorgesehene Bereitschaftsstellung erreicht war, so schrieb er,

„ließ uns der Kompaniechef, Oberleutnant Kraus, einen Halbkreis bilden und verlas dann den bekannten Aufruf des Führers zum Angriff auf Russland. Er teilte uns mit, daß wir am nächsten Tag – Sonntag – morgens um drei Uhr 15 den Bug auf Sturm- und Schlauchbooten überschreiten würden. Auf diese Äußerung herrschte ein minutenlanges Schweigen. Bevor wir aber nachdenken konnten, erging sofort eine Unzahl von Befehlen zur Vorbereitung des morgigen Angriffs. Jeder erhielt irgendeine Aufgabe, und so kam uns das Ungeheuerliche des Vorgangs gar nicht so recht zu Bewußtsein. Da unser Bataillon der rechte Flügel der Division war, mußte mit den Nachbarn Verbindung aufgenommen werden. Ich erhielt den Befehl, mit zwei Mann unseren Nachbarn zu suchen, der angeblich einen Kilometer entfernt sein sollte. Ich lief stundenlang durch die Gegend und fand dann – rein zufällig – eine Einheit der 17. Panzerdivision. Ich meldete mich beim Kompaniechef, einem Oberleutnant von Brauchitsch. Er begrüßte uns wohlwollend und gab uns aus einer großen Cognacflasche zu trinken, der er offensichtlich schon stark zugesprochen hatte. Er wünschte uns alles Gute für den bevorstehenden Feldzug, teilte uns allerdings gleichzeitig mit, daß nur wenige von uns überleben würden. Als ich zur Kompanie zurückkam, hatte sich die erste Überraschung schon gelegt. Es kam zu zahlreichen Gesprächen, bei denen überraschenderweise die Meinung vorherrschte, einmal habe es ja doch zum Krieg mit dem ‚Kommunismus' kommen müssen, und je eher das geschehe, um so besser."[11]

---

[11] Erinnerungen, S. 39.

Das Motiv des Antikommunismus und Antibolschewismus, das nun neben die Pflicht zur Verteidigung tritt und zusammen mit ihr dominant ist, in diesem Verständnis bis Ende 1941 dominant bleibt und auch immer wieder die Vorstellung hervorbringt, die vom Stalinismus geknechtete Bevölkerung Russlands müsse befreit werden, dieses Motiv entspricht gewiss dem vom Regime öffentlich proklamierten Sinn und Ziel des „Unternehmens Barbarossa". Aber die wahren Absichten, die von der NS-Führung und mittlerweile wohl auch von den Spitzen der Wehrmacht mit dem Angriff auf die Sowjetunion verfolgt werden, erscheinen sowohl in den „Erinnerungen" wie in den zeitgenössischen Briefen eines durchschnittlichen Feldwebels einer durchschnittlichen Infanteriedivision des deutschen Ostheeres nicht mit einem Wort. Das verdient Beachtung, weil der Feldwebel Bernhard Graml – so wie zuvor der Schütze und später der Leutnant – in der Korrespondenz mit den Eltern weder seine Erlebnisse verharmlost oder übertreibt noch mit politischen Gedanken und Urteilen hinter dem Berge hält, auch nicht mit rassistischen Vorurteilen, die er sehr wohl hat; so findet er nichts dabei, im Herbst 1943 die vorübergehend miserable Qualität der sowjetischen Infanterie auf den Umstand zurückzuführen, dass ja wohl alle Russen in der Roten Armee schon gefallen und nur „Usbeken und andere Halbwilde" übriggeblieben seien[12].

Das Motiv des Antibolschewismus hat die 1942/43 nicht mehr zu übersehende Kriegswende überlebt, in der jetzt nicht mehr durch Angriffsoperationen unterbrochenen Defensive sogar noch an Stärke gewonnen. Nun kam es ja nicht mehr darauf an, den Bolschewismus auszutilgen, sondern ihn von Deutschland fernzuhalten. Wieder und wieder ist von der „Knute bolschewistischer Kommissare" die Rede, die man der deutschen Nation unter allen Umständen und ohne Rücksicht auf die dabei zu bringenden Opfer ersparen müsse[13]. In der Regel legt der Briefschreiber einen im Rückblick merkwürdig anmutenden Optimismus an den Tag. So sagt er, als er im September 1943 die „Schweinerei" in Italien, also den italienischen Frontwechsel, erwähnt, so etwas könne an der Ostfront nicht passieren: „Die hält!" – als habe es Stalingrad nicht gegeben[14]. Darin kam sicherlich auch das Selbstbewußtsein eines Angehörigen der Heeresgruppe Mitte zum Ausdruck, deren Divisionen das 1941 erworbene Gefühl der Überlegenheit über den

---

[12] Brief an die Eltern vom 9.9.1943.
[13] So in einem Brief vom 23.2.1943.
[14] Brief an die Eltern vom 9.9.1943; das folgende Zitat findet sich ebenda.

Gegner durch eine Serie erfolgreicher Abwehrschlachten bewahrt und bestätigt hatten. Allerdings gab es naturgemäß doch Augenblicke, in denen ein der tatsächlichen Lage gerecht werdender Pessimismus durchbrach, der sich dann freilich sofort mit einem Trotz verband, wie er bei einem jungen Frontoffizier ja auch nicht als gänzlich unangemessen angesehen werden kann. So schrieb er, ebenfalls im September 1943, falls die große Krise des Krieges, in die man jetzt eintrete, nicht bestanden werden sollte, sei es „besser [...], ehrenvoll unterzugehen als in dem bolschewistischen Morast zu versinken".

Indes ist nicht zu übersehen, dass die militärische Leistung unseres Briefeschreibers auch einen völlig unpolitischen Grund hatte, dem im Deutschland unserer Tage Verständnislosigkeit sicher ist. Es geht um die Faszination durch das soldatische Ethos und das Phänomen Krieg. Heute fällt es mir selber schwer, mir eine Stimmung zu vergegenwärtigen, die im Januar 1944 den Luftwaffenhelfer Graml dazu brachte, in einem Brief an die Eltern, der vor allem der Bestellung von Paketen mit nahrhaftem Inhalt diente, zu schreiben: „Bei dem letzten Angriff in Mitteldeutschland, als die Engländer so schwere Verluste hatten, waren wir leider nicht dabei. Sonst wäre die Abschußzahl noch höher."[15] Das war noch die Forschheit mangelnder Erfahrung. Jedoch muss in der Tat konstatiert werden, dass, anders als in England oder Frankreich, viele junge Deutsche der Jahrgänge 1915 bis 1929 förmlich danach fieberten, es den Vätern gleichzutun, die zwischen 1914 und 1918 in Flandern, bei Verdun und an der Somme gekämpft hatten. Es ging ihnen weniger um die Korrektur der Ergebnisse des Krieges, sondern mehr noch um eine vergleichbare Erprobung soldatischer Tugenden. Dabei ist auffallend, dass gerade die schonungslosen Berichte aus dem großen Krieg, zu denen etwa die Bücher Ernst Jüngers durchaus zu zählen sind, die Sucht nach Bewährung nicht minderten, sondern noch steigerten.

Auch in dieser Hinsicht ist aber bei manchen, so bei meinem Bruder, die Einwirkung des zum Guru erhobenen Nietzsche nicht zu verkennen. Wenn Nietzsche seinen Zarathustra predigen ließ: „Ihr sollt den Frieden lieben als Mittel zu neuen Kriegen. Und den kurzen Frieden mehr als den langen..." Oder: „Ihr sagt, die gute Sache sei es, die sogar den Krieg heilige? Ich sage euch: der gute Krieg ist es, der jede Sache heiligt!"[16] so fand das ein Echo, das auch

---

[15] Brief Hermann Gramls an die Eltern vom 14.1.1944.
[16] Friedrich Nietzsche, Also sprach Zarathustra, in: ders., Werke, hrsg. von Alfred Baeumler, Bd.4, Leipzig 1930, S. 1–363, hier S.49.

in den Briefen des Soldaten Graml noch zu hören ist. Damit keine Missverständnisse entstehen: Da schreibt kein gusseisern heroischer Held, der nur im Krieg und für den Krieg lebt, sondern ein junger Mann, der oft und oft von der Hoffnung auf baldigen Urlaub und auf Frieden redet oder von der tiefempfundenen Erleichterung beim Beziehen einer ruhigeren Stellung. Aber daneben steht doch eine nie gebrochene Freude an soldatischer Herausforderung und Bewährung, ja ein Genuss am aufregenden und gefährlichen Erlebnis, am Kampf. So kann er noch im Herbst 1943 den Eltern mitteilen, er und seine Kameraden hätten Tage hinter sich, „in denen uns alles geboten wurde, was der Russlandfeldzug an Interessantem zu bieten hat"[17]. Davon wurde im Übrigen ein Prozess in Gang gesetzt, der weder Verrohung noch Abstumpfung war, sondern schlicht als Professionalisierung charakterisiert werden darf. Was sie an den Fronten treiben, wird für die eigentlich an Universitäten, auf Bauernhöfe, in Fabriken und Werkstätten gehörenden jungen Männer zur Lebensform mit dem Anschein der Dauer. Ein gutes oder schlechtes Ende wird zwar ab und an hoffnungsvoll oder angstvoll beschworen, im Grunde aber als unreal empfunden.

Bei meinem Bruder führte diese Professionalisierung dazu, dass in seinem Wesen das Soldatisch-Militärische die zivilen Elemente mehr und mehr in den Hintergrund drängte, er für eine Weile nichts als Soldat war. In den Gesprächen, die uns Ende 1944 vergönnt waren, hat er mir viele Gefechte mit einem leidenschaftlichen und anderes an den Rand verweisenden Interesse an den jeweils gegebenen Problemen der Infanterietaktik geschildert – gegen wen und warum da gekämpft wurde, spielte nur noch eine sekundäre Rolle. Später, als ich Erwin Rommels Buch „Infanterie greift an" gelesen hatte, war für mich eine gewisse Verwandtschaft nicht zu verkennen, auch nicht in der betonten Forderung, dass für jede Lage das am wenigsten Blut kostende taktische Rezept gefunden werden müsse; darin bestand ein grundlegender Unterschied zum typisch nationalsozialistischen Durchhalte-Offizier der letzten Kriegsjahre. Im Übrigen ist der sonst so „normale" Frontoffizier, der sich von zahllosen Kameraden weder im Denken und in der Motivation noch in Haltung und Handeln unterschied, mit seiner Fixierung auf die Gefechtsaspekte seines zeitweiligen Berufs selbstverständlich nicht repräsentativ gewesen.

---

[17] Brief an die Eltern vom 9. 9. 1943.

3. Nach 1945

Die Faszination durch Militär und Krieg ist Bernhard Graml geblieben, wenn auch nach Kriegsende in einem zurückgestutzten und mit ziviler Existenz zu vereinbarenden Maße, wobei er bezeichnenderweise die Feldzüge römischer Legionäre oder die Kampagnen des russischen Feldmarschalls Suworow, der 1799 die Franzosen aus Oberitalien verjagte, mit fast der gleichen Aufmerksamkeit bedachte wie die Kämpfe der deutschen Infanterie im Zweiten Weltkrieg. Hingegen hat der durchaus mühsame geistige und politische Lernprozess, der nach 1945 begann, die letzten Reste nationalsozialistischer Theoreme vollends abgeschmolzen und auch die von Nietzsche geschenkten Rauschnebel weggefegt. Wohl liebte er es bis zu seinem Tode, den konservativen „die-hard" zu spielen, und konservativ war er ja auch zu nennen; doch eignete ihm eine konservative Haltung, die mit dem geistigen und politischen Humanismus der angelsächsisch-französischen Welt Frieden geschlossen und zu Gemeinsamkeiten mit ihr gefunden hatte. Glänzender Jurist, der er wurde, amtierte er sogar, etwa als Leiter der Jugendstrafkammer am Landgericht Augsburg, in einem Geiste, den ich nur – ich höre ihn schon protestieren – als fortschrittlich bezeichnen kann.

Felix Römer
Truppenführer als Täter
Das Beispiel des Majors Günther Drange

1. Das Verbrechen

Dass sich der Krieg an der Ostfront seit dem 22. Juni 1941 tatsächlich zu dem „Vernichtungskampf" entwickelte, den Hitler angestrebt hatte, wäre ohne die tatkräftige Mitwirkung der Wehrmacht nicht denkbar gewesen. Hierzu bedurfte es nicht nur der Komplizenschaft ihrer Führungseliten, der Zentralstellen in Berlin und der Oberbefehlshaber des Feldheeres. Genauso unabdingbar war die Bereitschaft der Befehlsempfänger, vor allem der Bataillons- und Regimentskommandeure, die auf den unteren und mittleren Kommandoebenen die Marschrichtung bestimmten. Welche Rolle diese Truppenführer im Weltanschauungskrieg an der Ostfront spielten und wie dies mit ihren Biographien zusammenhing, veranschaulicht das Beispiel des Majors Günther Drange. Dieser kommandierte im Sommer 1941 ein Infanteriebataillon und hatte teil an der Vernichtungspolitik, indem er den so genannten Kommissarbefehl befolgte, den völkerrechtswidrigen OKW-Erlass zur verfahrenslosen Exekution aller gefangen genommenen sowjetischen Politoffiziere.

Als das Unternehmen „Barbarossa" begann, führte Major Drange das III. Bataillon des Infanterieregiments 490, das zur 269. Infanteriedivision gehörte. Diese unterstand dem XXXXI. Panzerkorps, das im Verband der Panzergruppe 4 im Baltikum kämpfte. Von den verbrecherischen Befehlen, dem Kriegsgerichtsbarkeitserlass und dem Kommissarbefehl, hatte Drange rechtzeitig vor Beginn der Operationen Kenntnis erhalten. Die Erlasse waren in der Panzergruppe 4, wie in allen übrigen Großverbänden des Ostheeres, in den letzten beiden Wochen vor dem Angriffstermin auf dem Dienstweg bekannt gegeben worden. Das Panzergruppenkommando hatte die unterstellten Korps und Divisionen am 12. Juni 1941 über den „Führererlaß über die Erschießung russischer Kommissare"[1] und den „Übergang der militärischen Gerichtsbarkeit in Feindes-

---

[1] BA-MA, RH 26-269/41, Eintrag im Tätigkeitsbericht (Ic) der 269. Infanteriedivision vom 29.3. 1941–9.5. 1942, Teil I, S. 5f.

land auf die Offiziere"[2] instruiert. Die Führung der 269. Infanterie-division gab die erhaltenen Weisungen zwei Tage später während einer Einsatzbesprechung an die Kommandeure ihrer Regimenter weiter[3].

Dass der Kommissarbefehl in Dranges Bataillon auch umgesetzt wurde, zeigte sich spätestens Ende Juli 1941. Am 25. dieses Monats, um 4.30 Uhr, trat das III./490 zum Angriff auf ein Höhengelände an[4]. Nachdem das Bataillon zunächst ungehindert vorstoßen konn-te, wurde es um 7.15 Uhr plötzlich von zwei schweren sowjetischen Panzern angegriffen, die auf der Vormarschstraße frontal in die Ko-lonne des Bataillons hinein fuhren. Bis die Kampfwagen außer Ge-fecht gesetzt werden konnten, dauerte es fast eine dreiviertel Stun-de. Bei dem einzigen Überlebenden der beiden Panzerbesatzungen handelte es sich um einen Politoffizier, der kurz nach seiner Gefan-gennahme exekutiert wurde. Der Chef der zugeteilten Panzerjäger-kompanie hielt in seinem Gefechtsbericht fest, dass die Erschießung von Major Drange angeordnet worden war: „In Zusammenarbeit mit Pionieren und Panzerjägern wurde der Kampfwagen weiter bearbeitet, ein roter Kommissar von der Kampfwagenbesatzung, der sich ergab, wurde auf Befehl des Kommandeurs III./I.R. 490 erschossen."

Wie aus den überlieferten Gefechtsberichten hervorgeht, befand sich Drange zu diesem Zeitpunkt mit seinem Stab im Bereich der Vormarschstraße, etwas mehr als einhundert Meter vom Ort der Ge-fangennahme des Kommissars entfernt. Die Vermutung liegt nahe, dass der Politoffizier zum Bataillonsgefechtsstand gebracht und dort exekutiert wurde, zumal Drange den Erschießungsbefehl nicht fernmündlich erteilen konnte, da zwischen den Einheiten des Bataillons keine Funkverbindung bestand. Dieser Ablauf wird auch durch Dranges eigenen Gefechtsbericht gestützt und um ein be-

---

[2] BA-MA, RH 26-36/40, Eintrag im Tätigkeitsbericht (Ic) der 36. Infanterie-division (mot.) vom 12.6. 1941, S.3.

[3] BA-MA, RH 26-269/41, Eintrag im Tätigkeitsbericht (Ic) der 269. Infante-riedivision vom 29.3. 1941–9.5. 1942, Teil I, S.5f., und RH 26-269/11, Ein-trag im KTB der 269. Infanteriedivision vom 14.6. 1941, S.11.

[4] Zum Schauplatz: BA-MA, RH 26-269/25, Lagekarte der 269. Infanterie-division vom 25.7. 1941; zu den Ereignissen: RH 26-269/24, Major Drange: „Bericht über das Gefecht bei Kulotino und Kreni am 25.7.1941", Bericht des Kompaniechefs der 3./Panzerjägerabteilung 269 vom 27.7. 1941; RH 26-269/13, KTB der 269. Infanteriedivision, S.51; vgl. auch die Studie (ZA-1/1959, S.93–98), die Drange 1950 für die Historical Division ausgearbeitet hat, sowie Helmut Römhild, Geschichte der 269. Infanterie-Division, Bad Nauheim 1967, S.132.

merkenswertes Detail ergänzt. Drange schildert hier den Ausgang des Gefechts wie folgt: „Eine Besatzung kam im Panzer um, die andere ergab sich auch nicht. Erst eine Handgranate in den leicht gelüfteten Verschluß zwang einen Mann zum Aussteigen. Es war dies ein Kommissar, der von mir erschossen wurde." Dranges eigener Darstellung zufolge hat er die Erschießung also sogar eigenhändig vorgenommen. Damit bewies er besonderen Eifer, war es doch unüblich und widersprach dem Ethos des Offizierkorps, Exekutionen persönlich durchzuführen. Der Hergang der Tat belegt außerdem, dass Drange keinen Augenblick zögerte, den Kommissarbefehl auszuführen. Denn nach Abschluss des Gefechts und der Gefangennahme des Kommissars um 7.53 Uhr blieben hierfür weniger als zehn Minuten Zeit, bis das Bataillon um acht Uhr seinen Vormarsch fortsetzte.

Die Exekution vom 25. Juli 1941 war die einzige Erschießung eines politischen Kommissars beim III./490, die aktenkundig geworden ist. Dennoch ist es nicht unwahrscheinlich, dass in Dranges Bataillon noch weitere Hinrichtungen stattgefunden haben, worauf nicht nur die rasche, routiniert erscheinende Abwicklung der Erschießung am 25. Juli 1941 hindeutet. Immerhin ist belegt, dass die Truppen der 269. Infanteriedivision, zu denen Dranges Bataillon gehörte, während des ersten Kriegsjahrs an der Ostfront insgesamt 50 Exekutionen an sowjetischen Kommissaren durchgeführt haben, wobei der exakte Anteil des Infanterieregiments 490 und seines III. Bataillons aus den Akten allerdings nicht hervorgeht[5]. Auch sonst übernahmen die Truppen des IR 490 die radikalen Prinzipien des Weltanschauungskriegs. Von einer Kompanie des I. Bataillons sind Erschießungen belegt, die auf der Grundlage des Kriegsgerichtsbarkeitserlasses vorgenommen wurden[6]. Von Dranges III. Bataillon sind Gefangenentötungen[7] belegt und weitere Quellen überliefert, die von einem rücksichtslosen Vorgehen gegen den Gegner zeugen[8]. Seinen Anteil an der Eskalation der Gewalt im Ostkrieg deutete Drange selbst in seiner Studie für die Historical Divi-

---

[5] BA-MA, RH 26-269/41, Eintrag im Tätigkeitsbericht (Ic) der 269. Infanteriedivision vom 29.3. 1941–9.5. 1942, Teil II, S. 10.
[6] BA-MA, MSg 2/1922, Eintrag im Tagebuch von Hermann G., 1./490, vom 27.6. 1941.
[7] BA-MA, RH 37/7391, Gefechtsbericht des III./490 vom 20.12.–29.12. 1941, S. 3.
[8] BA-MA, RH 37/7392, Gefechtsbericht des III./490 über die Kämpfe in der Zeit vom 1.1.–24.1. 1942, S. 12, und RH 37/3111, Eintrag im Tagebuch des Kompaniechefs der 2./490 vom 25.12. 1941, S. 60.

sion der U.S. Army an: So wie „der Russe" mit großer „Intensität" und „Wildheit" kämpfte, begegnete Drange „ihm mit derselben Intensität"[9]. Einheiten wie Dranges Bataillon trugen dazu bei, dass Hitlers Konzept des „Vernichtungskampfes" an der Ostfront Realität wurde.

2. Der Täter

Was für ein Mensch war dieser Offizier? Günther Georg Drange wurde am 14. März 1897 in der schlesischen Stadt Glogau geboren und wuchs als Sohn eines protestantischen Verwaltungsbeamten im ostpreußischen Elbing auf. Er besuchte die Mittelschule, anschließend die Oberrealschule. Im Frühjahr 1914 begann er eine kaufmännische Ausbildung, die er aber mit Ausbruch des Ersten Weltkriegs zurückstellte. Erfasst von der nationalen „Begeisterungswelle"[10], trat er Anfang August 1914 als Kriegsfreiwilliger in die preußische Infanterie ein. Schon im Oktober 1914 erhielt der siebzehnjährige Drange seine Feuertaufe an der Ostfront. Nach Bewährung, Verwundung, Auszeichnung und erfolgreicher Offiziersausbildung wurde er im Sommer 1915 zum Leutnant der Reserve befördert. Im Sommer 1916 ging der Krieg für Drange zu Ende, als er in russische Gefangenschaft geriet, aus der er erst vier Jahre später zurückkehrte. Nach seiner Flucht aus Sibirien Ende 1919 traf er im Frühjahr 1920 in seiner Heimat ein und wurde aus dem Heeresdienst entlassen. Die Reintegration in das zivile Leben gelang schnell. Nur wenige Wochen nach seiner Heimkehr nahm Drange seine Lehre in Elbing wieder auf. Von der Wirtschaftskrise war er nicht betroffen und blieb von 1922 bis 1937 durchgängig bei der Reichsbank angestellt. Obwohl Drange in seinem zivilen Leben erfolgreich war, ließ ihn das Militär nicht los. Schon im Sommer 1920, nur wenige Monate nach seiner Rückkehr aus der Gefangenschaft, begann er, regelmäßig Wehrübungen als Reserveoffizier abzuleisten. Die deutsche Wiederaufrüstung bot Drange schließlich die Möglichkeit, seine „Absicht zu verwirklichen, zur Wehrmacht überzugehen"[11]. Ende 1937 zunächst als Ergänzungsoffizier eingestellt, wurde er im August 1939 als aktiver Offizier in die Wehrmacht übernommen. Dranges Karriere als Truppenkommandeur begann

---

[9] Vgl. Dranges Studie für die Historical Division, S. 126.
[10] Erinnerungsbericht Günther Georg Dranges, aus Familienbesitz, undatiert (ca. 1965); Kopie im Besitz des Verfassers.
[11] BA-MA, Pers 6/10405, Bl. 24, Eingabe Dranges an das Heerespersonalamt vom 28. 3. 1938.

im Herbst 1940 mit seiner Ernennung zum Bataillonskommandeur des III./490. In den folgenden Kriegsjahren stieg er in Rang und Stellung weiter auf. Anfang 1942 wurde er zum Kommandeur des Infanterieregiments 490 ernannt und bald darauf zum Oberstleutnant befördert. Im Herbst 1942 übernahm er das Kommando über ein Grenadierregiment und avancierte Anfang 1943 zum Oberst. Nach zwischenzeitlicher Ablösung wurde ihm im August 1944 erneut die Führung eines Regiments übertragen, die er dann bis Kriegsende behielt. Bis zuletzt kämpfend, trat er am 9. Mai 1945 das zweite Mal in seinem Leben den Gang in die russische Kriegsgefangenschaft an[12].

Dranges Vorgesetzte schätzten seine Befähigung als Truppenführer recht hoch ein, allerdings wurden auch wiederholte Leistungseinbrüche verzeichnet. Zwei Mal, im Sommer 1942 und Frühjahr 1944, wurde Drange wegen nachlassender Leistungen oder Versagens von seinem Kommando abgelöst, ein drittes Mal stand dies zur Debatte. Als Gründe dafür wurden gesundheitliche Probleme und die überspannte „seelische Verfassung" Dranges angegeben, der im März 1944 auf einen Vorgesetzten bereits „einen sehr abgekämpften Eindruck" machte[13]. Mit diesem körperlichen und nervlichen Kräfteverschleiß, der aus den ungeheuren Strapazen und der „starke[n] psychische[n] Belastung"[14] des Ostkriegs resultierte, korrespondierte ein Hang zum Alkoholismus, der mit zunehmender Kriegsdauer immer sichtbarer wurde und sogar auf seine dienstlichen Beurteilungen zurückschlug[15]. Hiervon abgesehen fielen Dranges Zeugnisse überaus positiv aus. Seine Vorgesetzten sahen in ihm eine „krisenfeste Führerpersönlichkeit" und attestierten ihm, dass er zu „rücksichtsloser Härte" gegen sich und andere fähig sei[16]. Da Drange häufig in vorderster Linie an den Kämpfen teilnahm, verkörperte er in ihren Augen den idealisierten „Typ des Frontsoldaten". So konnte er dann auch fast die gesamte

---

[12] Stadtarchiv Wiesbaden, Bestand Versicherungsamt Az. 7073, Antrag Dranges gemäß Paragraph 3 des Kriegsgefangenenentschädigungsgesetzes vom 10.9.1954.
[13] BA-MA, Pers 6/10405, Bl. 50 und Bl. 52, Berichte vom 22.4. und 12.5. 1944.
[14] Archiv des Hessischen Amts für Versorgung und Soziales Wiesbaden, Angabe Dranges in einem ärztlichen Gutachten vom 29.12.1951.
[15] BA-MA, Pers 6/10405, Bl. 43 und Bl. 48, Beurteilungen vom 1.3.1943 und 1.3.1944.
[16] Hierzu und zum Folgenden: BA-MA, Pers 6/10405, Bl. 29, Bl. 33 f., Bl. 40 f., Bl. 43 und Bl. 48, Beurteilungen vom 30.1.1941, 1.4. und 10.7.1942, 15.2. und 1.3.1943 sowie 1.3.1944.

Palette der militärischen Auszeichnungen vorweisen, von der Nahkampfspange bis zum Ritterkreuz. Dranges Führungsstil gegenüber seinen Untergebenen wurde als „sehr straff", „sehr sicher und energisch" gelobt, zugleich galt er aber auch als „sehr fürsorglicher Vorgesetzter". Dranges Personalunterlagen spiegeln das Bild eines temperamentvollen, draufgängerischen und leidenschaftlichen Soldaten, einer sehr ehrgeizigen und agilen Persönlichkeit, die aber auch unverkennbar labile und affektive Züge aufwies. Dranges menschliche Schwächen bedingten, dass seine Vorgesetzten lediglich zu dem Gesamturteil „Durchschnitt" gelangten und eine höhere Verwendung nicht befürworteten.

Dranges politische Haltung war schon frühzeitig von einem starken Nationalismus geprägt, so wie man es nach seiner Sozialisation im protestantischen preußischen Beamtenkonservativismus erwarten konnte. Bereits in seiner Jugendzeit erwachte in ihm „ein flammendes Herz, das für Deutschland schlug"[17]. Neben dem Nationalismus war auch die Idealisierung des Militärs schon früh präsent. Dranges Vater war nicht nur preußischer Beamter, sondern auch „alter Soldat"[18]. Der Militärdienst hatte in der Familie Tradition[19]. Aus ähnlichen Verhältnissen stammte wohl nicht zufällig auch Dranges spätere Ehefrau, deren Vater ebenfalls städtischer Verwaltungsbeamter und zugleich Reserveoffizier war. Drange wuchs somit in einem Milieu auf, in dem der preußische Sozialmilitarismus starken Rückhalt hatte, dessen Kennzeichen die Vermengung der zivilen und militärischen Sphären war und zu dessen wichtigsten Katalysatoren die Institution des Reservedienstes zählte. Der Einfluss dieses Umfelds auf Dranges Entwicklung zeigte sich nicht zuletzt daran, dass er später als Reichsbankbeamter und Reserveoffizier einen ähnlichen Lebensweg einschlug wie sein Vater und sein Schwiegervater.

Der Erste Weltkrieg ließ das Militär endgültig in Dranges Lebensmittelpunkt rücken. Hierzu trug schon das Lebensalter des jungen Kriegsfreiwilligen bei, der die Aufnahme in die Armee als Initiation erlebte. Die Erfahrung, sich in der soldatischen Männerwelt bewährt zu haben, bewirkte, dass er sich „zum erstenmal als männlich erwachsen" fühlte; die Bestätigung durch Vorgesetzte und Kameraden hatte sein „Selbstbewusstsein geweckt". Drange lernte das

---

[17] Erinnerungsbericht Dranges.
[18] BA-MA, Pers 6/10405, Bl. 8 f., Lebenslauf Günther Georg Dranges vom 1. 8. 1935.
[19] In seinem Erinnerungsbericht bemerkte er stolz, dass „die Dranges alle mal gute Infanteristen waren"; zum Folgenden vgl. ebenda.

Militär als eine Institution kennen, die Anerkennung und Sozial-
prestige verhieß, wenn man sich „eingereiht" hatte und sich bewies.
Trotz oder gerade wegen der „Härte" der Kämpfe an der Ostfront,
die Drange als erfolgreiche Bewährungsproben in Erinnerung behielt, konnte er dem Krieg im Gegensatz zum „Friedenstrott" einiges abgewinnen: Dem Krieg verdankte er eine „Reife", die „ein Leben lang bestes Fundament für weiteres Verhalten werden sollte".
Die identitätsstiftende Wirkung, die die Kriegsteilnahme für den
jungen Drange hatte, trug maßgeblich dazu bei, dass sein gesamtes
weiteres Leben auf das Militär und den Krieg fixiert blieb. Ob seine
Beobachtungen über Gräueltaten zaristischer Truppen und bolschewistischer Bürgerkriegseinheiten später auch bei ihm die fol-
genschwere Vorstellung förderten, dass in der Sowjetunion ein
„Kriegsbrauch mit östlichen Mitteln"[20] angewandt werden müsse,
bleibt ungewiss.

Wie wegweisend diese dramatischen Jahre für Drange wurden,
stellte er rückblickend im Jahre 1935 selbst fest: „Als Sohn eines
alten Soldaten waren für mich das Kriegserleben und der schwere
Kampf des Vaterlandes nach Kriegsende richtunggebend."[21] Die
Politisierung durch das „Kriegserleben" manifestierte sich darin,
dass sich Drange in der Zwischenkriegszeit in nationalistischen und
militaristischen Verbänden am rechten Rand des politischen Spek-
trums engagierte. Bald nach seiner Rückkehr aus der Gefangenschaft im Jahre 1920 gründete er in Elbing einen Veteranenverein
und schloss sich mit ihm dem Kyffhäuserbund an[22]; Mitte der
zwanziger Jahre trat er in den Stahlhelm ein. Dies waren keine
passiven Mitgliedschaften, wie Drange Anfang der zwanziger Jahre
in Düsseldorf bewies, wo er als Reichsbankbeamter Sabotageakte
gegen die französische Besatzungsmacht verübte[23]. Dass das „alte,
einst stolze Deutschland" durch das „Diktat von Versailles" zu einem
„zerschlagenen u. beraubten Land" degradiert worden war, das im
Inneren von „politischen Strömungen in harten Gegensätzen"
auseinander dividiert wurde, erschien ihm unerträglich. So blieb
seine Haltung in der Weimarer Republik „stets getragen von dem

---

[20] BA-MA, RH 20-16/1012, Bl. 72, Protokoll einer Besprechung des OKH am
16.5.1941.
[21] BA-MA, Pers 6/10405, Bl. 8 f., Lebenslauf Günther Georg Dranges vom 1.8.
1935.
[22] BA-MA, MSg 3/548, Zeitschrift „Kyffhäuser" vom April 1967: „Wir gratu-
lieren: Kam[erad] Drange 70 Jahre alt"; MSg 3/551, Zeitschrift „Kyffhäuser"
vom Juli/August 1970: „Abschied von Kam. Drange".
[23] Vgl. hierzu und zum Folgenden den Erinnerungsbericht Dranges.

Gedanken und der Hoffnung auf ein wieder erwachendes Deutschland"[24].

Das NS-Regime erfüllte diese Hoffnungen nicht nur in politischer Hinsicht. Ihm allein war es zu verdanken, dass Drange auch
seinen persönlichen Wunsch realisieren konnte, wieder Soldat zu
werden. Da er von Hitlers Diktatur nur profitierte und ihr ohnehin
politisch nicht fern stand, ist es nicht verwunderlich, dass sich Drange
dem Nationalsozialismus in den dreißiger Jahren weiter angenähert
hat. Mit der „Gleichschaltung" des Stahlhelms wurde Drange im
September 1933 Mitglied der SA, in der er „als Führer eines Reserve-
Sturmes tätig" war. Im Frühjahr 1937 trat er schließlich in die NSDAP
ein[25]. In seinen Beurteilungen aus den späteren Kriegsjahren wird
Drange als „Nationalsozialist in Wort und Gesinnung" bezeichnet.
Auch unter Berücksichtigung der besonderen quellenkritischen
Problematik solcher Beurteilungsvermerke erscheint diese Angabe
vollkommen glaubhaft.

Eng verbunden mit dem militanten Nationalismus war der Antibolschewismus, der für einen Offizier mit dem sozialen und
biographischen Hintergrund Dranges wie selbstverständlich zum
politischen Credo gehörte. Einen weiteren Schub erhielt die antikommunistische Grundhaltung des nationalkonservativen Lagers
durch die Ereignisse des Jahres 1918/19 und den angeblichen
„Dolchstoß", für den viele „eine Clique von Juden und Sozialisten"[26]
verantwortlich machten. Auch Drange verband das Trauma des Zu-
sammenbruchs mit dem Aufschwung kommunistischer und jüdi-
scher Kräfte. In den russischen Gefangenenlagern blickte er mit Abscheu auf die gebildeten „Soldatenräte" und registrierte argwöh-
nisch, wenn ein „Jude [...] Haupt des hohen Rates" war[27]. Das
veränderte Deutschland, das er bei seiner Rückkehr 1920 vorfand,
war in seinen Augen zu einem „rote[n] Ländchen" degeneriert, das
von „roten Bonzen" regiert wurde. Seine politischen Aktivitäten in
der Zwischenkriegszeit dienten daher immer auch dem „Kampf [...]
gegen die rote Innung".

---

[24] BA-MA, Pers 6/10405, Bl. 8 f., Lebenslauf Günther Georg Dranges vom 1.8.
1935.
[25] BAB, NSDAP-Zentralkartei, Dranges Mitgliedsantrag vom 12.6.1937 und
seine Mitgliedskarte Nr. 4020920. Beide Kinder traten 1941 und 1943 ebenfalls in die NSDAP ein, Dranges Tochter war außerdem als „Haupt-Ringfüh-
rerin" im BDM aktiv; Stadtarchiv Verden, Liste der Verdener Nationalsozialisten vom 23.4.1946.
[26] Johannes Hürter, Hitlers Heerführer. Die deutschen Oberbefehlshaber
im Krieg gegen die Sowjetunion 1941/42, München 2006, S.87.
[27] Vgl. hierzu und zum Folgenden den Erinnerungsbericht Dranges.

Auch nach dem Ende des Zweiten Weltkriegs wandelten sich Dranges Einstellungen kaum. Er kehrte erst im Dezember 1949 gesundheitlich schwer angeschlagen aus der Gefangenschaft zurück. Es spricht für sich, dass Drange umgehend seine Aktivitäten in den Soldatenverbänden wieder aufnahm. Er engagierte sich für den Verband der Heimkehrer, vor allem aber für den Wiederaufbau des Kyffhäuserbundes. 1952 wurde er Vorsitzender des Landesverbands Niedersachsen und erhielt 1954 in Personalunion die Stelle des Bundesgeschäftsführers in Wiesbaden; dieses Engagement trug ihm 1967 sogar das Bundesverdienstkreuz ein[28]. So wenig in Wiesbaden seine geistige Umgebung wechselte, wo er in einem konservativ bestimmten Milieu in der Nachbarschaft zahlreicher Offiziere wohnte, so wenig legte Drange auch seinen soldatischen Habitus ab. Nachbarn erinnern sich noch heute an sein betont strenges und straffes Auftreten[29]. Ermittlungen wegen seiner Beteiligung an Kriegsverbrechen wurden gegen ihn niemals aufgenommen[30]. Bis zu seinem unerwarteten Tod am 18. Juni 1970 genoss Drange „einen ausgezeichneten Ruf"[31]. Die bruchlose Kontinuität seiner Weltsicht, die von einem vehementen Nationalismus, Militarismus und Antibolschewismus geprägt war, zeugt davon, wie tief er diese Dogmen verinnerlicht hatte.

3. Tat und Biographie

Um Dranges systemkonformes Verhalten im „Kreuzzug gegen den Bolschewismus" erklären zu können, reicht der Hinweis auf seine Sozialisation, die im Zeichen konservativ-autoritärer Maximen stand und ihn für „Pflichterfüllung"[32], Staatstreue und Gehorsam disponierte, nicht aus. Die Ursachen für die Beteiligung an Kriegsverbrechen waren selten eindimensional, sondern wurzelten zumeist in einem komplexen Geflecht von intentionalen und situativen Faktoren. Nichtsdestoweniger bestanden zwischen Dranges Taten im Ostkrieg und seiner biographischen Entwicklung enge Zusammenhänge.

---

[28] Akten hierzu finden sich im HHStA, Nr. 72/67, und im BAK, B 122/38.549; Dranges Mitgliedschaft in der NSDAP war bekannt, aber kein Hinderungsgrund.
[29] Mitteilung von Dr. Arno Schirmer, ehemals Seelsorger in Dranges Pfarrgemeinde, über Erinnerungen von Nachbarn vom 5. 10. 2006.
[30] Mitteilung des BAL an den Verfasser vom 11. 5. 2005.
[31] HHStA, Nr. 72/67, Regierungspräsidium Wiesbaden betr. Verleihung des Bundesverdienstkreuzes.
[32] Erinnerungsbericht Dranges.

Dass die Weichen von vornherein auf befehlskonformes Verhalten gestellt waren, wurde schon durch Dranges ausgeprägten Militarismus gewährleistet; aufgrund seiner starken Identifikation mit dem militärischen Wertesystem gab es für ihn schwerlich eine Alternative. Zudem zählte Drange als reaktivierter, älterer Reserveoffizier zu einem Segment des Offizierkorps, dessen Angehörige wegen ihres Rückstands hinter den Aktiven ohnehin dazu neigten, ihre professionellen und sozialen Makel durch eine „übersteigerte Normenwahrung" zu kompensieren[33]. Hinzu kam, dass Drange gerade zu Beginn des Ostfeldzugs unter Leistungsdruck stand. Er zog das erste Mal als Bataillonskommandeur in den Krieg. Zudem war seine erste Beurteilung in dieser Dienststellung Ende Januar 1941 unbefriedigend ausgefallen; seine Leistungen galten als „schwach". Die Anfangsphase des Ostkriegs, in die das geschilderte Verbrechen fiel, dürfte Drange daher als Bewährungschance empfunden haben, so dass es für ihn schon deswegen kaum in Frage kommen konnte, einen geltenden Befehl zu missachten.

Noch entscheidender aber dürfte seine radikalnationalistische und antibolschewistische Grundhaltung gewesen sein, die es begünstigte, dass er die ideologischen Prämissen des Weltanschauungskriegs und die gängigen, nationalsozialistisch geprägten Stereotypen nachvollziehen konnte[34]. Dass er auch die verbreiteten Feindbilder teilte, aus denen nicht zuletzt die Legitimationsstrategien für die Gewaltakte gegen den Gegner abgeleitet wurden, verhehlte er selbst in der Studie nicht, die er 1950 für die Historical Division anfertigte. Die rassistisch konnotierte Vorstellung, dass „der Russe [...] von Natur aus hart und grausam" sei und sich durch „ostische Wildheit" auszeichne, hatte Drange tief verinnerlicht[35]. Genauso hatte er die Feindbilder übernommen, die der Vernichtungspolitik gegen die sowjetischen Kommissare zugrunde lagen. In seiner Studie beschrieb er die gegnerischen Politoffiziere als Unterdrücker und „Hetzer" und rekurrierte damit auf eben jene Wahrnehmungsmuster, die es den deutschen Truppen während des

---

[33] Bernhard R. Kroener, Generationserfahrungen und Elitenwandel. Strukturveränderungen im deutschen Offizierkorps 1933-1945, in: Rainer Hudemann/Georges-Henri Soutou (Hrsg.), Eliten in Deutschland und Frankreich im 19. und 20. Jahrhundert, München 1994, S. 219–233, hier S. 221.

[34] Vgl. auch die sozialdarwinistischen Anklänge in Dranges Erinnerungsbericht, in dem er festhielt, „daß das Leben (auch in der Natur) immer wieder auf Kampf abgestellt ist und einiges fordert!"

[35] Vgl. hierzu und zum Folgenden Dranges Studie für die Historical Division, S. 126 f. und S. 119.

Unternehmens „Barbarossa" ermöglichten, die Liquidierung von Kommissaren als legitime Vergeltungsakte aufzufassen[36]. Dass Drange bei der Exekution am 25. Juli 1941 entgegen den Gepflogenheiten selbst geschossen hat, lässt vermuten, dass er den Kommissarbefehl sogar regelrecht bejaht hat.

Dies gilt umso mehr, als die Erschießung wohl keine Affekthandlung war. Zwar hatte das Bataillon im vorangegangenen Gefecht zahlreiche Geschütze verloren, aber nur einen Soldaten. Da personelle Verluste, die zu den erstrangigen Auslösern der Exzesstaten deutscher Truppen an der Ostfront zählten, also kaum eingetreten waren, kam eine „stärkere Beunruhigung oder gar Panik" in Dranges Bataillon nicht auf, so dass die Stimmung nach Abschluss des Kampfes „gefestigt" blieb[37]. Dennoch ist anzunehmen, dass das Verbrechen auch durch die situativen Umstände begünstigt wurde. Während des Vormarsches am 25. Juli 1941, bevor es zu dem Zusammenstoß mit den feindlichen Panzern kam, hatte das Bataillon tote Kameraden aufgefunden, die einem tags zuvor ausgesandten Spähtrupp angehört hatten und allem Anschein nach als wehrlose Verwundete ermordet worden waren[38]. Das „Auffinden der total verstümmelten Leichen" am Morgen des 25. Juli sowie der Brutalisierungsprozess des Ostkriegs im Allgemeinen dürften Dranges Bereitschaft zur Befolgung des Kommissarbefehls noch erhöht haben, wie es auch in vielen anderen Fällen belegt ist.

Wie repräsentativ dieser Major war, ist daran ablesbar, zu welchen Laufbahngruppen und Altersschichten er im aktiven Truppenoffizierkorps des Heeres zählte[39]. Als Hauptmann und Kompaniechef war Drange mit 41 Jahren zwar noch deutlich zu alt. Als Major und Oberstleutnant gehörte er dann aber jeweils zu den Alterskohorten,

---

[36] Vgl. Felix Römer, „Im Kampf festgestellte Greuel dürften auf das Schuldkonto der politischen Kommissare kommen". Die Befolgung des Kommissarbefehls im Kontext der Brutalisierung des deutsch-sowjetischen Krieges 1941/42, in: Timm C. Richter (Hrsg.), Krieg und Verbrechen. Situation und Intention. Fallbeispiele, München 2006, S. 185–195.

[37] Zitate aus Dranges Studie für die Historical Division, S. 98, und BA-MA, RH 26-269/24, Major Drange: „Bericht über das Gefecht bei Kulotino und Kreni am 25.7. 1941".

[38] Vgl. Dranges Studie für die Historical Division, S. 92 ff.; der Vorfall wird allerdings in keiner zeitgenössischen Quelle erwähnt.

[39] Vgl. hierzu und zum Folgenden Bernhard R. Kroener, Die personellen Ressourcen des Dritten Reiches im Spannungsfeld zwischen Wehrmacht, Bürokratie und Kriegswirtschaft 1939-1942, in: ders./Rolf-Dieter Müller/ Hans Umbreit, Das Deutsche Reich und der Zweite Weltkrieg, Bd. 5/1: Organisation und Mobilisierung des deutschen Machtbereichs, Stuttgart 1988, S. 693–1001, hier S. 898 ff.

die auf diesen Rangstufen die Mehrheit der Truppenoffiziere stellten. Auch in seiner Eigenschaft als reaktivierter Offizier zählte Drange zu einer starken Fraktion. Denn während seiner Zeit als Major und Oberstleutnant gab es im aktiven Heeresoffizierkorps auf diesen Rangstufen weit mehr reaktivierte Offiziere als durchdienende Aktive. In Dranges Karriere und seiner begrenzten Belastbarkeit spiegelte sich die strukturelle Überalterung des deutschen Truppenoffizierkorps zu Beginn des Zweiten Weltkriegs wider. Darüber hinaus repräsentierte der Major ein breites Segment innerhalb des Offizierkorps, das nach Status, Lebensalter, Generationserfahrungen und politischen Dispositionen weitreichende Gemeinsamkeiten aufwies[40]. Drange war der typische Vertreter der Frontoffiziere des Ersten Weltkriegs, die infolge des immensen Personalbedarfs in den dreißiger Jahren wieder Eingang in die Wehrmacht fanden. Die Offiziere dieser Generation hatten die Zwischenkriegszeit als Phase des nationalen Niedergangs und persönlicher Zurücksetzung erlebt und entwickelten daher eine besonders starke Affinität und Loyalität gegenüber dem Nationalsozialismus, der sowohl ihnen selbst als auch dem Deutschen Reich insgesamt wieder zu Geltung zu verhelfen versprach.

Unbeschadet seiner Individualität sind die kollektivbiographischen Züge in Dranges Lebensweg unverkennbar. Seine Geschichte exemplifiziert das „gruppenspezifische Regelverhalten" und macht wesentliche Voraussetzungen dafür sichtbar, warum so viele Truppenkommandeure den Vernichtungskrieg gegen die Sowjetunion mittrugen. Denn ein beträchtlicher Teil der Offiziere, die 1941 Bataillone an der Ostfront kommandierten und damit für die praktische Umsetzung der Vernichtungspolitik verantwortlich waren, hatte einen ähnlichen sozialen, generationellen und politisch-ideologischen Hintergrund wie Major Drange. Von solchen biographischen Mustern führte allerdings noch keine direkte Linie zur Tat. Hierzu bedurfte es nicht zuletzt der besonderen Situation des Vernichtungskriegs an der Ostfront. Ein allzu teleologisches Verständnis der Zusammenhänge zwischen Tat und Biographie verstellt zudem die Sicht darauf, dass dem Individuum im Rahmen seiner Handlungsspielräume und Dispositionen immer noch ein Rest an Entscheidungsfreiheit und persönlicher Verantwortung blieb.

---

[40] Vgl. hierzu und zum Folgenden Kroener, Generationserfahrungen, in: Hudemann/Soutou (Hrsg.), Eliten, S. 230 f., das folgende Zitat findet sich ebenda, S. 229.

Reinhard Otto
Sowjetische Kriegsgefangene
Von der Kollektiv- zur Individualbiographie

1. Massen oder Menschen?

Sowjetische Kriegsgefangene in deutscher Hand – bis heute ist damit eng die Vorstellung von einer grauen, gesichtslosen Masse verknüpft: einerseits, weil die NS-Propaganda den Bewohnern der Sowjetunion individuelle Züge weitgehend absprach, andererseits, weil die ab Sommer 1941 im Deutschen Reich eintreffenden Rotarmisten diesem Klischee auch nur zu sehr zu entsprechen schienen; dass schwere Kämpfe, lange Märsche und tagelange Transporte unter unmenschlichen Bedingungen deutliche Spuren hinterlassen hatten, fiel bei dieser Sichtweise nicht ins Gewicht. Für die deutsche Bevölkerung war es während der Kriegsjahre pauschal „der Russe" oder „der Iwan", der als Gefangener im Betrieb oder auf dem Bauernhof einen Großteil der anfallenden Arbeiten erledigte. Ein Zeitgenosse hat das in einem Film-Interview mit unfreiwilliger Komik auf den Punkt gebracht: „Unser Russe hieß Iwan. Wir nannten alle Russen Iwan. Ob er wirklich so hieß, weiß ich nicht. Aber er hörte jedenfalls darauf."[1] Andere Namen kommen in der Erinnerung so gut wie nicht vor.

Das galt auch über den Tod hinaus. Während Gefangene der westlichen Kriegsgegner für gewöhnlich in Einzelgräbern bestattet wurden, gab es für die verstorbenen Rotarmisten oft nur riesige Massengräber auf den sogenannten Russenfriedhöfen. Nach dem Krieg zu großen Rasenflächen umgestaltet, vermitteln sie heute in der Regel den Eindruck riesiger anonymer Gräberfelder, von denen höchstens die Zahl der dort Beigesetzten bekannt zu sein scheint, für Bergen-Belsen etwa 50 000, für die ostwestfälische Senne 65 000[2].

---

[1] „Menschenzoo in der Senne?" Film über das Stalag 326 Senne, 2002 angefertigt von Studenten der Universität Bielefeld; vorhanden in der Dokumentationsstätte Stalag 326 (VI K) Senne in Schloß Holte-Stukenbrock.
[2] Diese Angaben sind weit überhöht und bei 20 000 (Bergen-Belsen) bzw. 15 000 (Senne) anzusetzen. Zum Stalag 326 (Senne) vgl. Reinhard Otto, Die Rekonstruktion von Lagerfriedhöfen am Beispiel des Lagerfriedhofes des

Einzelner Personen wird lediglich in Ausnahmefällen gedacht, wobei es sich dann aber in der Regel um nach dem Krieg errichtete Erinnerungsmale handelt, ohne Bezug zu einem konkreten Grab.

Der historischen Forschung kam dieses Bild entgegen. Ihrer Ansicht nach war der Krieg gegen die Sowjetunion ein Weltanschauungskrieg, der auf die Vernichtung der sowjetischen Staatsbürger als Gesamtheit entweder abgezielt oder diese wenigstens billigend in Kauf genommen habe. Da fügte es sich nahtlos ein, dass für die sowjetischen Kriegsgefangenen in den Archiven keinerlei personenbezogenen Unterlagen bekannt waren. Deren Fehlen wurde daher als Bestätigung dafür genommen, dass die deutsche Wehrmacht entgegen allen völkerrechtlichen Gepflogenheiten auf eine individuelle Registrierung dieser Männer und Frauen und deren Meldung an das Rote Kreuz verzichtet habe, denn für nicht-registrierte Kriegsgefangene habe sie keinerlei Verantwortung besessen. Von Anfang an sei, so die daraus abgeleitete Theorie, deren Massensterben eingeplant gewesen.

Eine solche Vorstellung verkennt allerdings völlig das Funktionieren eines militärischen Apparats. Gefangene zu registrieren, war sowohl aus Gründen der Übersicht und der Lebensmittelzuweisungen, als auch aus sicherheitspolitischen Erwägungen sowie aus denen des Arbeitseinsatzes zwingend notwendig. Eine entsprechende Vorschrift lag für die Wehrmacht seit 1939 vor. Sie war bis 1945 die Handlungsgrundlage für alle Einheiten, die im Kriegsgefangenenwesen eingesetzt waren, und auf ihr fußend wurde jeder Gefangene spätestens bei seinem Eintreffen im Deutschen Reich erfasst und mit einer individuellen Erkennungsmarke ausgestattet. Diese Marke, die immer an einem Band um den Hals getragen werden musste, war gleichsam ein zahlenverschlüsselter Name, der sich zusammensetzte aus der Bezeichnung des Lagers, in dem er registriert worden war, und einer im Rahmen des Erfassungsprozesses fortlaufend vergebenen Nummer. Für jeden wurde zeitgleich eine sogenannte Personalkarte ausgefüllt, in die neben der Erkennungsmarkennummer alle wesentlichen persönlichen und militärischen Daten eingetragen wurden, weiterhin Angaben über die Zeit der

---

Stalag 326 (VI K) Senne in Ostwestfalen, in: Für die Lebenden – der Toten gedenken. Ein internationales Gemeinschaftsprojekt zur Erforschung des Schicksals sowjetischer und deutscher Kriegsgefangener und Internierter, hrsg. von der Stiftung Sächsische Gedenkstätten, Dresden 2003, S. 104–119; zum Stalag XI C (311) Bergen-Belsen vgl. Rolf Keller, Erkenntnisse zur Geschichte der „Russenlager“: Das Beispiel Bergen-Belsen, in: ebenda, S. 50–57.

Gefangenschaft wie Führung, Strafen, Impfungen, Lazarettaufenthalte, Versetzungen und Arbeitskommandos.

Das galt auch für die sowjetischen Kriegsgefangenen. Einige wenige Abweichungen vom üblichen Verfahren erfolgten aus rein organisatorischen Gründen, das Prinzip jedoch wurde beibehalten und die Vorschrift nicht außer Kraft gesetzt. Man muss daher davon ausgehen, dass jeder sowjetische Soldat, der sich als Kriegsgefangener zwischen 1941 und 1945 im OKW-Bereich, das heißt im Deutschen Reich und in den besetzten Gebieten, aufgehalten hat, als Individuum erfasst worden ist. Verfügt man über die Unterlagen, dann lässt sich sein Weg während dieser Jahre noch heute verfolgen, sei es bis zu seinem Tod und zu seiner Grabstätte, sei es bis zur Entlassung in die Heimat[3].

Diese Unterlagen galten nach dem Krieg allerdings als verschollen, wenn nicht gar als vernichtet, ihr Fehlen wiederum als Beleg dafür, dass man die gefangenen Rotarmisten ganz bewusst nicht registriert habe. Tatsächlich aber waren die Dokumente, völkerrechtlich völlig korrekt, in den Besitz des Heimatstaates, der Sowjetunion, gelangt, wo sie vom NKWD geprüft wurden. Die Akten der Verstorbenen und Nicht-Heimgekehrten kamen später meist in das Archiv des sowjetischen Verteidigungsministeriums in Podolsk bei Moskau, die der Überlebenden in die NKWD-Archive des Oblasts, in dem ein ehemaliger Gefangener wohnte. Ein geringer Teil blieb in Deutschland und ist heute vor allem in der Deutschen Dienststelle Berlin zu finden.

---

[3] Vgl. Rolf Keller/Reinhard Otto, Das Massensterben der sowjetischen Kriegsgefangenen und die Wehrmachtbürokratie. Unterlagen zur Registrierung der sowjetischen Kriegsgefangenen 1941-1945 in deutschen und russischen Institutionen. Ein Forschungsbericht, in: MGM 57 (1998), S. 149–180. Dieser Forschungsbericht hat ein internationales Projekt initiiert, durch das alle Personaldokumente erschlossen werden. Das Material zu inzwischen mehr als 300 000 Personen ist zwar in der Stiftung Niedersächsische Gedenkstätten Celle, in der Dokumentationsstätte Stalag 326 (VI K) Senne sowie in der Stiftung Sächsische Gedenkstätten Dresden zugänglich; vor der wissenschaftlichen Nutzung müssten allerdings noch etliche Mängel beseitigt werden. Gefördert wird das Projekt aus Mitteln der Beauftragten der Bundesregierung für Kultur und Medien sowie im Rahmen der Gemeinsamen Kommission für die Erforschung der jüngeren Geschichte der deutsch-russischen Beziehungen aus Mitteln des Bundesministeriums des Inneren. Vgl. Rolf Keller, Das deutsch-russische Forschungsprojekt „Sowjetische Kriegsgefangene 1941-1945". Ziele, Inhalte, erste Ergebnisse, in: Günter Bischof/ Stefan Karner/Barbara Stelzl-Marx (Hrsg.), Kriegsgefangene des Zweiten Weltkrieges. Gefangennahme, Lagerleben, Rückkehr, Wien 2005, S. 459–474.

2. Erkennungsmarken, Karteikarten, Lebenswege

Wie sahen diese Dokumente aus und was kann ihnen zunächst im Hinblick auf den individuellen Fall entnommen werden? Als Beispiel für eine solche Personalkarte sei hier jene von Pawel Kalajda präsentiert, eines knapp 21jährigen ukrainischen Rotarmisten aus einem kleinen Dorf im Oblast Tschernigow, von Beruf Landarbeiter. Er war kurz nach Kriegsbeginn bei Wolkowysk in Weißrussland in Gefangenschaft geraten und zügig in das Stalag 326 (VI K) Senne in Ostwestfalen transportiert worden. Am 25. Juli 1941 erhielt er dort zwei Impfungen, die zweite wurde im Abstand von je einer Woche zweimal wiederholt. Etwa zeitgleich wurde seine Personalkarte angelegt, auf der neben einem Foto auch seine Erkennungsmarkennummer eingetragen wurde, die ihn von da an unverwechselbar machte: VI K 8346; er war demnach der Gefangene Nr. 8346, der in diesem Stalag registriert wurde.

Sein weiterer Weg ergibt sich aus den Eintragungen auf der Rückseite der Karte: am 12. August versetzt zum Stalag V B Villingen am Südostrand des Schwarzwalds, von dem aus man ihn zur Arbeit einsetzte: zunächst auf dem Truppenübungsplatz Heuberg, anschließend ab dem 3. September in Freiburg-St. Georgen. Nach einem Lazarettaufenthalt in Straßburg Mitte Dezember 1941 folgte Ende Februar 1942 die zweite Versetzung, dieses Mal zum Stalag IX A Ziegenhain, zwischen Kassel und Marburg gelegen. In den folgenden Jahren arbeitete er in verschiedenen Betrieben in Weidenau an der Sieg. Anfang 1945 sollte er noch zum Stalag VI D Dortmund versetzt werden, doch ist es dazu offensichtlich nicht mehr gekommen. Das Fehlen eines schwarzen Kreuzes, das im Todesfall für gewöhnlich oben rechts auf der Vorderseite aufgestempelt wurde, ist ein Indiz dafür, dass Kalejda das Kriegsende erlebt hat.

So wie er sind vermutlich mehr als 2,6 Millionen sowjetische Kriegsgefangene erfasst worden. Allen gemeinsam ist das Kollektivschicksal, einer Gefangenenkategorie angehört zu haben, deren Leben in deutschem Gewahrsam aufgrund ideologischer und politischer Prämissen permanent bedroht war. Bei einer genaueren Prüfung der Karteikarten kristallisieren sich verschiedene Untergruppen mit spezifischen Übereinstimmungen heraus. Nennen kann man beispielsweise jene, die vor allem 1941/42 von Einsatzkommandos der Geheimen Staatspolizei als „politisch untragbar" in den Gefangenenlagern herausgesucht, in Konzentrationslager gebracht und dort ermordet wurden. Für das Offizierslager in Hammelburg ist die Überlieferung inzwischen so dicht, dass die meisten der etwa 1 100 Offiziere, die dort vom Sommer 1941 bis zum Sommer 1942 „ausgesondert" und dann in Dachau erschossen wurden, namentlich bekannt sind. Bei ihnen zeigen die Personalunterlagen unter anderem sehr deutlich, dass sogenannten Intelligenzlern, Funktionären der kommunistischen Partei oder Juden wegen der vermeintlich von ihnen ausgehenden weltanschaulichen Bedrohung die besondere „Aufmerksamkeit" der Gestapo-Beamten galt.

Erwähnt werden sollen auch die in Gefangenschaft geratenen weiblichen Angehörigen der Roten Armee, die man zumeist nicht, wie irrig angenommen, als „Flintenweiber" liquidierte, sondern häufig, in wenigen Lagern konzentriert, im medizinischen Bereich oder im Küchendienst einsetzte. Viele wurden später in das KZ Ravensbrück überstellt. Dazu zu zählen ist beispielsweise eine Gruppe von weit mehr als 100 Frauen, die im August 1943 im Stalag 344 Wilna nachweisbar ist und die im Herbst dieses Jahres zunächst nach Schaulen und Riga, dann, am 19. Januar 1944, in das ostpreußische Lager Hohenstein kam. Dort wurden die Frauen am 22. Februar 1945 aus der Kriegsgefangenschaft entlassen und nach Ravensbrück weitergeleitet.

Der Arbeitseinsatz bei der Wehrmacht sowie in Industrie und Landwirtschaft wurde von den Stammlagern, welche die Gefangenen verwalteten, sehr genau dokumentiert. Spätestens seit dem Nürnberger Prozess gegen Krupp ist bekannt, dass die Behandlung der sowjetischen Soldaten in den meisten Zechen und Rüstungsbetrieben noch weitaus schlechter war als in der übrigen Wirtschaft. Die dabei vorgelegten und teilweise veröffentlichten Berichte, etwa zum Krupp-Lager Raumerstraße in Essen, dokumentieren zwar in erschütternder Weise die unmenschlichen Lebensverhältnisse und die hohe Sterblichkeit. Aber erst durch einige Personalkarten der zumeist noch sehr jungen Rotarmisten, die dort infolge von Unterernährung und Krankheiten oder bei Arbeitsunfällen um ihr Leben kamen, wird das recht abstrakte Geschehen „fassbar". Es erhält durch die vorhandenen Fotos sogar ein Gesicht und kann auf diese Weise eine ganz andere Wirkung auf die Nachgeborenen entfalten, ein Sachverhalt von erheblicher Bedeutung, nicht nur für die Gedenkstättenpädagogik.

Dass gerade die sowjetischen Kriegsgefangenen versucht haben, Widerstandsgruppen gegen das NS-Regime zu bilden, ist unbestritten. Doch wie bei „den Frauen" oder „den Ausgesonderten" ist gewöhnlich nur pauschal die Rede „vom Widerstand", der bislang nur höchst selten an konkreten, dann aber zumeist zu Heroen verklärten Personen festzumachen war. Die Personalunterlagen vermitteln ein völlig neues Bild, wie sich am Beispiel des Lazaretts Ebelsbach bei Bamberg veranschaulichen lässt. Dorthin hatten kriegsgefangene Ärzte Anfang Juli 1944 mehrere sowjetische

Offiziere überwiesen, um diese dem Zugriff der Gestapo zu entziehen. Deren Erkenntnisse waren jedoch bereits so umfangreich, dass Beamte der Stapostelle Nürnberg-Fürth nur wenige Tage später, am 12. und 13. Juli, etwa 250 Personen in diesem Lazarett verhafteten und nach umfangreichen Verhören vier Wochen später dort noch einmal so viele festnahmen. Die meisten wurden dann im Konzentrationslager Mauthausen erschossen.

Die Intensität der Kontakte mag das Beispiel zweier Offiziere zeigen. Oberleutnant Wadim Borowkow und Leutnant Iwan Kirsanow kannten sich seit dem 14. Dezember 1942, als ersterer in Kirsanows Arbeitskommando in Schweinfurt versetzt wurde. Borowkow kam am 1. Juni 1944 nach Ebelsbach, am 15. zurück ins Arbeitskommando, demselben Tag, an dem Kirsanow in das Lazarett eingeliefert wurde. Dieser wurde am 13. Juli in Gewahrsam genommen, während die Verhaftung Borowkows am 11. August im Arbeitskommando erfolgte. Spätestens in dem Moment, in dem die Gestapo die Karteikarten in der Hand hatte, dürfte es ihr nicht mehr sonderlich schwer gefallen sein, das konspirative Netzwerk aufzurollen, denn durch die Einträge in der Rubrik „Lazarettaufenthalte" ließ sich rekonstruieren, wer in Ebelsbach wann mit wem Kontakt gehabt hatte. Die Beamten brauchten dann nur noch zu den Arbeitskommandos, die ja ebenfalls eingetragen waren, zu fahren und Verdächtige mit ihren Verbindungen zu den bereits Verhafteten zu konfrontieren. Ebelsbach stellte sich dabei als Dreh- und Angelpunkt einer über ganz Franken verbreiteten Widerstandsorganisation heraus. Durch die Personalkarten sind inzwischen nicht nur fast alle Beteiligten mit vielen Details bekannt, sondern es ist auch möglich, die Ermittlungen der Gestapo weitgehend nachzuvollziehen. Dass es ihr gelungen ist, die Gruppe vollständig zu zerschlagen, wird daran deutlich, dass bei keinem Gefangenen, der nach diesem Zeitpunkt von der Wehrmacht der Gestapostelle Nürnberg-Fürth übergeben wurde, ein Lazarettaufenthalt in Ebelsbach nachweisbar ist[4].

Soweit also Personalunterlagen vorliegen, lassen sich die individuelle Biographie und damit das persönliche Schicksal eines jeden Gefangenen in derselben Weise umfassend und präzise nachvollziehen, wie es bereits am Beispiel von Pawel Kalejda gezeigt

---

[4] Näheres dazu bei Reinhard Otto, Die Gestapo und die sowjetischen Kriegsgefangenen, in: Gerhard Paul / Klaus-Michael Mallmann (Hrsg.), Die Gestapo im Zweiten Weltkrieg. „Heimatfront" und besetztes Europa, Darmstadt 2000, S. 201–221, hier S. 215 ff.

wurde. Darüber hinaus ermöglicht die Verknüpfung der Lebensläufe in vielen Fällen auch eine Biographie der Gruppe, der er oder sie angehört hat. Kennt man die Mechanismen der Erfassung, so sind sogar Aussagen über diejenigen möglich, deren Personalunterlagen noch nicht zur Verfügung stehen. Iwan Tkatschenko etwa, ein 25jähriger einfacher Soldat, erhielt im Stalag Senne die Marke 8556; zwischen Pawel Kalejda – Nummer 8346 – und ihm wurden dort somit 209 weitere Rotarmisten erfasst. Seine Karte ist auf der Rückseite hinsichtlich der Zeit- und Ortsangaben nahezu identisch mit der Kalejdas. Impfungen, Versetzung nach Süddeutschland, dann Ziegenhain, Einsatz in Weidenau – Kalejda und Tkatschenko haben nachweislich etwa zwei Jahre gemeinsam verbracht, sich also eindeutig gekannt. Nach einem gescheiterten Fluchtversuch Anfang September 1943 wird letzterer allerdings aus Sicherheitsgründen in ein anderes Arbeitskommando nach Braunfels an der Lahn versetzt. Mitte Mai verliert sich nach einem zweiten, allem Anschein nach erfolgreichen Fluchtversuch seine Spur. Ähnlich sieht es bei der Nr. 8388, Pawel Gorbanj, aus, der am 7. September 1942 jedoch nach Bad Hersfeld versetzt wurde, oder bei Nr. 7888, Nikolaj Junazkij, den es im Dezember desselben Jahres von Weidenau aus in ein Arbeitskommando im nahegelegenen Ort Geisweid verschlug[5]. Offensichtlich wurde hier eine Gruppe nacheinander erfasster Personen mehrfach und weitgehend geschlossen jeweils zum selben Zeitpunkt versetzt, so dass sich die Vermutung aufdrängt, auch andere in der Senne erfasste Gefangene mit Nummern aus dem Zahlenbereich von 7888 bis 8546 könnten diesen oder einen ähnlichen Weg genommen haben.

Untersucht man unter diesem Aspekt die zur Verfügung stehenden Personalkarten der etwa 18 000 sowjetischen Soldaten, die 1941 in die Senne kamen, so zeigt sich, dass dem Transport zum Stalag V B Villingen vom 12. August 1941 Rotarmisten mit Nummern zwischen etwa 5900 und 9200 angehörten. Nun wäre allerdings der Schluss, sämtliche dieser Gefangenen seien in den Wehrkreis (WK) V versetzt worden, zweifellos falsch, denn etliche der Männer waren nicht transportfähig, so dass sie zunächst im Lager Senne bleiben mussten, möglicherweise dort starben. Andere wurden für den Arbeitseinsatz in der Region benötigt oder in anderen Lagern des WK VI Münster, in dem das Stalag 326 (VI K) Senne lag. Der Transport umfasste also keinesfalls 3 300 Personen, sondern vermutlich höchs-

---

[5] Die Personalkarten von Kalejda und den anderen finden sich in der Deutschen Dienststelle Berlin, Referat III/A.

tens die Hälfte. Die rund 1 500 Männer haben aber alle bis nach Villingen denselben Weg genommen, bevor sie durch die folgenden Versetzungen in die verschiedenen Kriegsgefangenenlager des Wehrkreises V in immer kleinere Gruppen aufgespalten wurden, von denen eine dann den Weg in das Siegerland fand. Liegt für diese Region in Beschäftigungslisten oder Friedhofsübersichten eine Nummer aus dem genannten Bereich vor, so kann man davon ausgehen, dass die Gefangenenbiographie des Betreffenden, selbst wenn man seinen Namen nicht in Erfahrung bringen kann, mit sehr großer Wahrscheinlichkeit mit der bekannter Kriegsgefangener weitgehend identisch ist.

Diese Erkenntnis kann etwa dann hilfreich sein, wenn die Frage nach der Identifizierung der vielen Unbekannten auf den Friedhöfen deutscher Städte und Dörfer gestellt wird. Noch einmal sei hier auf ein Beispiel aus dem Stalag 326 Senne zurückgegriffen. Am 11. August 1941 verließ der erste große Transport mit Gefangenen aus dem Markennummernbereich von ca. 1600 bis 5800 dieses Lager; sein Ziel war das Stalag VI C Bathorn im Emsland. In Bathorn wurde die Gruppe aufgeteilt. Während ein Teil im WK VI blieb und nach einigen Wochen in die Stalags VI F Bocholt und VI G Bonn weitergeleitet wurde, kamen andere in der ersten Oktoberhälfte in den WK XII Wiesbaden in das Stalag XII A Limburg/Lahn. Diesem Transport gehörten zusätzlich sowjetische Soldaten an, die in Bathorn registriert worden waren und dort Nummern zwischen 32800 und 34800 erhalten hatten. Von Limburg aus wurden die Gefangenen auf die anderen Lager im Wehrkreis, XII B Frankenthal, XII D Trier und XII F Bolchen/Forbach, verteilt.

Zum Arbeitseinsatzbezirk von Frankenthal gehörte auch das Städtchen Osthofen bei Worms, in dem schon im Herbst 1941 ein Arbeitskommando mit kriegsgefangenen Rotarmisten eingerichtet wurde, von denen in den folgenden Monaten sehr viele starben; bis zum Ende des Krieges belief sich ihre Zahl dann auf mindestens 42. Weder Namen noch Erkennungsmarken sind überliefert; letztere müssten allerdings in den Bereichen VI K 1600 bis 5800 beziehungsweise VI C 32800 bis 34800 zu suchen sein. Eine Sichtung der bisher erschlossenen Personalkarten aus diesen Bereichen ergibt in der Tat insgesamt 33 Todesfälle in Osthofen, davon 28 Männer, die in der Senne, und fünf, die in Bathorn erfasst worden sind[6]. Erstere waren am 11. August 1941 in das Zweiglager Dalum des Stalag VI C gekommen. Der Zeitpunkt der Weiterleitung von Limburg nach

---

[6] Dies waren die Nummern zwischen 3657 und 4475 bzw. 34107 und 34491.

Frankenthal ist zwar auf den Karten nicht dokumentiert, am 20. Oktober befanden sie sich jedoch schon zum Arbeitseinsatz in Osthofen. Die meisten starben kurz nach der Ankunft an Krankheiten, Unterernährung oder allgemeiner Körperschwäche.

Beispiele wie diese zeigen, dass mit den vermeintlich spröden Personalkarten der historischen Forschung eine Quelle zur Verfügung steht, deren Wert nicht hoch genug einzuschätzen ist. Durch ihre Auswertung lässt sich die Geschichte der sowjetischen Kriegsgefangenen so präzise beschreiben, wie man das noch vor wenigen Jahren nie erwartet hätte. Das betrifft nicht nur das Schicksal einzelner Gefangener oder ganzer Gruppen, es betrifft auch grundsätzliche Fragen, etwa die nach der Rolle der gefangenen Rotarmisten im Weltanschauungskrieg, ihrer Kollaboration und auch nach ihrem Widerstand. Die Lebens- und Arbeitsverhältnisse in den Lagern, aber auch in Stadt und Land bis hin zu den Arbeitskommandos und ihren Einsatzorten, lassen sich heute so detailliert beschreiben und analysieren, dass sich daraus wiederum neue Fragestellungen etwa nach der Rolle und der Bedeutung der Hilfswilligen oder der Organisation des Kriegsgefangenenwesens ergeben; hier dürften ebenfalls neue Erkenntnisse zu erwarten sein.

Zugleich werden in den Personalunterlagen auch die Biographien kriegsgefangener Rotarmisten sichtbar. Ihr Schicksal in deutscher Gefangenschaft lässt sich nun in den meisten Fällen minutiös verfolgen. Da der Weg des Einzelnen aber wenigstens in Teilen mit dem von Kameraden identisch ist, kann man hinter der individuellen Biographie oft die einer ganzen Gruppe erkennen. Die Kollektivbiographie wiederum lässt als Summe der individuellen fast immer Rückschlüsse auf den Weg einzelner Personen zu, selbst wenn diese namentlich nicht bekannt sind, sondern ihre Existenz bisher lediglich durch Listen oder ähnliches nachgewiesen ist. Ganze Transporte oder Arbeitskommandos lassen sich auf diese Weise rekonstruieren. Untersuchungen etwa zur Altersstruktur sind jetzt ebenso möglich wie zur Sterblichkeit, zur Gesundheit oder zur Sozialstruktur der Kriegsgefangenen. Selbst über die Zeit vor der Gefangennahme stellen die Karteikarten Informationen zur Verfügung, etwa, in welcher Einheit sie gedient hatten oder wie ihre familiären Verhältnisse aussahen. Möglicherweise sind das sogar die einzig vorhandenen, denn in der Roten Armee hat es keine der Wehrmachtauskunftstelle vergleichbare Institution gegeben.

Unter den Teilnehmern des Zweiten Weltkriegs gab es kaum eine Gruppe, die so viele Opfer bringen musste wie die sowjetischen Kriegsgefangenen. Schon allein deshalb ist deren Geschichte so schwer zu schreiben; selbst die genaue Gesamtzahl ist noch immer unklar. An Einzelbiographien war daher erst recht nicht zu denken. Die nun aufgetauchten Akten ermöglichen einen prosopographischen Zugriff, wie er noch bis vor kurzem undenkbar schien. Sie verdeutlichen auch, dass wir erst sehr langsam eine Vorstellung von der biographischen Dimension des Zweiten Weltkriegs bekommen. Sicher ist jedenfalls, dass die Vorstellung von der anonymen Masse sowjetischer Kriegsgefangener der Vergangenheit angehören sollte[7].

---

[7] Da das Erfassungssystem der Wehrmacht für alle Kriegsgefangenen gleichermaßen galt, sind die Feststellungen auf Gefangene anderer Nationalitäten übertragbar, beispielsweise die Franzosen oder die Italienischen Militärinternierten.

Christoph Rass
Gibt es den Gefreiten Jedermann?
Perspektiven der Analyse personenbezogener Akten zum Personal militärischer Institutionen

1. Individuum und Struktur

Bei Fotografien von Soldaten stellt sich stets die Frage, wer die Männer waren, die auf Schnappschüssen, arrangierten Fotos oder Propagandabildern zu sehen sind. Zwar ist nur selten aufzuklären, *wer* tatsächlich auf solchen Fotos zu sehen ist und unter welchen Umständen sie entstanden sind. Ein Phänomen veranschaulichen diese Fotografien jedoch wie nur wenige andere Quellen: Ein Soldat erlebte den Krieg nicht als isoliertes Individuum, sondern stets als Teil funktionaler und sozialer Strukturen. Diese Einbindungen waren keineswegs statisch, sondern unterlagen einem permanenten, von endogenen und exogenen Faktoren beeinflussten Wandel. Dies hat Spuren in Millionen von Soldatenbiographien hinterlassen, aber auch in der Geschichte jener Einheiten, zu denen sie gehörten und die sie gleichzeitig formierten.

Jedes Bild fixiert jedoch nur einen Moment, einen Augenblick im Leben der Gezeigten wie in der Existenz ihrer Gruppe. Dabei verwischt die Eindringlichkeit des Bildes leicht die Wahrnehmung der zeitlichen Dimension von Situationen, Lebenslagen, Gruppenzugehörigkeiten. Für die Soldaten moderner Armeen, so auch für die Angehörigen der Wehrmacht, dokumentieren Personalunterlagen und andere personenbezogene Akten die Eckdaten solcher Zeiträume. Ihre Analyse erschließt mehr als nur einzelne militärische Biographien. In Umrissen werden auch die kleinen und großen Institutionen erkennbar, deren Teil diese Soldaten waren.

Für die sozialhistorische Forschung resultiert aus solchen Überlegungen nicht nur die Frage, wer die Soldaten einer militärischen Einheit waren, sondern es stellen sich auch Fragen wie: Was hat sie zusammengeführt? Wie lange waren sie zusammen? Wie ist ihr Leben vor und wie nach ihrer Dienstzeit in einer Einheit verlaufen? Wie hat sich die Struktur einer Gruppe über einen bestimmten Zeitpunkt hinaus entwickelt oder wie hat die Gruppe als funktionales Element der Wehrmacht agiert und inwiefern wurde dieses Handeln von ihrer sozialen Zusammensetzung beeinflusst?

Das Zerlegen militärischer Einheiten in jene Individuen, die sie zu einem bestimmten Zeitpunkt konstituierten, die dynamische Profilanalyse solcher Gruppen und die Einbettung dieser Verlaufsuntersuchungen in individuelle und kollektive *Strukturbiographien* wird im Licht solcher Fragestellungen zu einem Desiderat sozialhistorischer Forschung. Der Begriff *Strukturbiographie* verweist auf den Unterschied zwischen den Biographien, die aus personenbezogenen Akten rekonstruiert und solchen, die aus Ego-Dokumenten erarbeitet werden. Das persönliche Erleben, Episoden, Reflektionen und zahllose Details schlagen sich nur ausnahmsweise in Personalakten nieder. Diese bilden jedoch mit wenigen Lücken wichtige biographische Stationen, Elemente und Ereignisse aus der Kriegs- und der Vorkriegsbiographie eines Soldaten ab. Sie bieten daher, wenn sie auf empirisch breiter Basis erhoben werden, ebenso eine Grundlage für Strukturanalysen, wie sie zum Interpretationsrahmen für die Bewertung individueller Biographien oder der Einordnung von Ego-Dokumenten werden können.

2. Neue Projekte...

Das von der Deutschen Forschungsgemeinschaft zwischen 2004 und 2007 geförderte Projekt *Überregionale Erschließung personenbezogener Quellen zu Angehörigen der bewaffneten Formationen des Dritten Reiches* hat sich folgende Aufgabe gestellt: Durch die Digitalisierung einer umfangreichen Stichprobe der wichtigsten personenbezogenen Materialen von Mannschaften und Unteroffizieren der Wehrmacht soll der Forschung Datenmaterial zur personellen Zusammensetzung von Wehrmachtseinheiten und deren Veränderung im Kriegsverlauf in Form einer elektronischen Quellenedition zur Verfügung gestellt werden. Erstmalig wurden dazu systematisch *Wehrstammbücher* aus den Beständen des Bundesarchivs mit *Erkennungsmarkenverzeichnissen* aus der Deutschen Dienststelle sowie der *Vermisstenbildliste* und der *Heimkehrerkartei* aus dem Archiv des Suchdienstes des Deutschen Roten Kreuzes zusammengeführt[1].

---

[1] Vgl. Christoph Rass, Die überregionale Erschließung personenbezogener Quellen zu Angehörigen der Wehrmacht, Luftwaffe und Waffen-SS in: Mitteilungen aus dem Bundesarchiv 1/2004, S. 26–31. Die Stichprobe konzentriert sich auf Einheiten, die im Wehrkreis VI aufgestellt wurden, da nur für sie die überlieferungsbedingte Aktendichte ausreichend ist; Einheiten der Marine mussten unberücksichtigt bleiben, da die entsprechenden Unterlagen zum Zeitpunkt der Datenerhebung nicht so zugänglich waren, wie dies für die Bearbeitung erforderlich gewesen wäre.

Den Kern dieser Datensammlung bildet eine Erhebung der erhaltenen Wehrstammbücher des Personals von 70 Kompanien des deutschen Heeres, das über deren Erkennungsmarkenverzeichnisse ermittelt werden konnte. Ergänzend wurden für diese Einheiten alle Informationen aus der Vermisstenbildliste sowie aus der Heimkehrerkartei digitalisiert. Da weder für die Waffen-SS noch für die Luftwaffe Erkennungsmarkenverzeichnisse in ausreichender Qualität erhalten sind, wurden ergänzend zwei Zufallsstichproben aus den Angehörigen beider Organisationen erhoben. Hinzu kommt eine regionale Stichprobe von Soldaten, die in den Wehrmeldeämtern Aachen und Düren gemustert worden sind. Ferner gehört eine kleine Stichprobe von Wehrmachtangehörigen aus Elsass/Lothringen, Luxemburg und Ostbelgien zur Datenbank[2].

In Zahlen heißt das: 75 388 Einträge aus insgesamt 87 Erkennungsmarkenverzeichnissen wurden digitalisiert. Eine Teilmenge von 68 322 dieser Datensätze aus 70 Erkennungsmarkenverzeichnissen konnten für die Bildung der Stichprobe verwendet werden. Der erste Eintrag in diesen Personallisten datiert vom 19. Januar 1939, der letzte vom 14. April 1945. Sie beziehen sich auf 37 153 Individuen. Für etwa 10 000 dieser Soldaten lag ein Wehrstammbuch oder eine vergleichbare Akte vor, die in die Datenbank aufgenommen wurde. Die Stichprobe der Waffen-SS-Angehörigen aus dem Aktenbestand der SS-Ergänzungsstelle West umfasst 2 556 Datensätze, die der Luftwaffenangehörigen aus dem Wehrkreis VI 2 529 Akten, aus den Wehrmeldeämtern Aachen und Düren stammen 2 560 Wehrstammbücher. Weitere 837 Einträge betreffen die Wehrmachtangehörigen aus Luxemburg, Elsass/Lothringen und Ostbelgien. Insgesamt befinden sich 18 535 nahezu vollständig digitalisierte Wehrstammbücher in der Datenbank. Zusätzlich wurden aus der Heimkehrerkartei und aus der Vermisstenbildliste insgesamt knapp 5 000 Datensätze erhoben.

Da die Personalunterlagen und -karteien Stationen aus der militärischen und zivilen Biographie dokumentieren, gehen die Erkenntnismöglichkeiten, die sich aus dieser Datensammlung ergeben, weit über den militärischen Kontext hinaus. Die erfassten Soldaten bilden einen Querschnitt durch die männliche kriegsdienstpflichtige Bevölkerung: Sie decken das Geburtsintervall von 1878 bis 1930 ab, stammen aus über 4 000 Orten inner- und außerhalb

---

[2] Vgl. dazu bereits Peter M. Quadflieg, „Zwangssoldaten" und „Ons Jongens". Rekrutierungspraktiken der Wehrmacht in den annektierten Gebieten Eupen-Malmedy und Luxemburg während des Zweiten Weltkrieges, Magisterarbeit, Aachen 2006.

des Deutschen Reichs, verteilen sich auf alle sozialen Schichten, wurden zwischen 1935 und 1945 über 100 000 Mal zwischen Dienststellen der Wehrmacht aller Waffengattungen versetzt und haben auf allen Schauplätzen des Zweiten Weltkriegs gekämpft.

Die Datenbank ist so organisiert, dass sowohl die einzelnen Akten beziehungsweise Biographien aufgerufen als auch Auswertungen über jede Variable beziehungsweise über eine beliebige Kombination von Variablen über den Gesamtbestand oder frei gewählte Teilmengen durchgeführt werden können. Die Datensätze, die aus den vier bearbeiteten Beständen erhoben wurden, können über Namen, Vornamen und Geburtsdaten miteinander abgeglichen werden. Es ist also ebenso möglich, die vier Teildatenbanken auszuwerten, wie aus den Schnittmengen die Informationen zu Soldaten, die in mehreren Datenbanken erfasst sind, zu einer gruppenbiographischen Skizze zusammenzuführen[3].

3. ... und Perspektiven

Die Auswertungsmöglichkeiten und Forschungsperspektiven, die sich aus dieser Datenbank ergeben, sollen exemplarisch an einem Vergleich vorgeführt werden – und zwar am Beispiel einer Kompanie der Wehrmacht, die Teil jener Stichprobe ist, und einer Kompanie der US-Armee, zu der entsprechende Daten erhoben werden konnten. Dabei sollen folgende Fragen kursorisch beantwortet werden: Welche Gemeinsamkeiten und Unterschiede lassen sich bei diesen beiden Einheiten feststellen? Wie wirkten sich die Kampfhandlungen auf die Zusammensetzung beider Formationen aus? Gerade die letzte Frage verweist auf ein spezifisches Dilemma jeder Armee: Militärische Einheiten bestehen aus Menschen, die für ihre Rolle innerhalb eines militärischen Systems ausgebildet und zu funktionalen Gruppen zusammengeführt werden. Sobald eine Armee jedoch in Kampfhandlungen eintritt, sorgen personelle Verluste für den Zerfall dieser Strukturen, während die Institution selbst durch Rekrutierung, Ausbildung und Integration neuer Soldaten diesem Prozess entgegen zu wirken versucht, um ihre Handlungsfähigkeit zu erhalten. Als Beispiele dienen die A-Kompanie des 22. Infanterieregiments der 4. Infanteriedivision der US-Armee sowie die 1. Kompanie des Panzergrenadierregiments 192 der 21. Panzerdivi-

---

[3] Vgl. Christoph Rass, „Menschenmaterial": Deutsche Soldaten an der Ostfront. Innenansichten einer Infanteriedivision 1939–1945, Paderborn u.a. 2003.

sion der Wehrmacht (1./192). Beide haben 1944 in Frankreich ge-
kämpft und werden auf ihrem Weg von der Invasionsfront in der
Normandie bis hin zur Reichsgrenze beobachtet, also von Juni bis
Dezember 1944.

Die 4. Infanteriedivision der US-Armee wurde 1940 für den Einsatz reaktiviert. Sie war ursprünglich im Dezember 1917 aufgestellt,
nach ihrem Einsatz im Ersten Weltkrieg jedoch 1919 demobilisiert
worden. Neuaufstellung und Ausbildung der Division zogen sich
von 1940 bis 1943 hin; im Januar 1944 wurde der Großverband
nach England verlegt. Die 4. Infanteriedivision stellte schließlich die
ersten amerikanischen Soldaten, die am 6. Juni 1944 im Landungs-
abschnitt Utah Beach an Land gingen. Im Juni und Juli 1944
kämpften ihre Einheiten in der Normandie, Ende August zogen sie
in Paris ein. Im September wandte sich die Division nach Norden
und marschierte durch Belgien auf die Reichsgrenze zu, die sie am
11. September erreichte. Im November und Dezember beteiligte
sich die 4. Infanteriedivision an der Schlacht im Hürtgenwald. Dann
wurde sie nach Süden in Richtung Luxemburg transportiert, wo sie,
gerade eingetroffen, die deutsche Ardennenoffensive überraschte.
Nach deren Ende stieß die Division schließlich nach Deutschland
vor und hatte zum Zeitpunkt der deutschen Kapitulation München
erreicht[4].

Die 21. Panzerdivision der Wehrmacht war, nachdem eine erste
Formation dieses Namens im Mai 1943 in Afrika aufgerieben wor-
den war, noch im selben Monat im Wehrkreis VI neu aufgestellt
worden. Anfang 1944 wurde die Division an die französische Küste
verlegt und griff als einzige deutsche Panzerdivision am ersten Tag
der Invasion in die Kämpfe ein. Teile der Division entkamen im
August dem Kessel von Falaise und zogen sich über Rouen und
Reims in Richtung Verdun zurück. Von dort bewegte sie sich im
September 1944 ins Elsass, wo sie aufgefrischt wurde und sich im
Oktober an der Verteidigung dieses Raums beteiligte. Im November
wurde sie von der Front abgezogen und nach der neuerlichen Zuführung von Ersatz bei Operationen in Lothringen und an der Saar
eingesetzt. Ende November 1944 erfolgte eine dritte Reorganisation, bevor die Division nach Süden marschierte, um an der Süd-
flanke der Ardennenoffensive eingesetzt zu werden. Nachdem die
Ardennenoffensive fehlgeschlagen war, wurde die 21. Panzer-

---

[4] Vgl. 4th Infantry Division. A brief history, Fort Hood 2006; Robert S. Rush,
Hell in Hurtgen Forest: The Ordeal and Triumph of an American Infantry
Regiment, Lawrence 2001.

division an die Ostfront verlegt. Dort gerieten die Überlebenden im April 1945 in sowjetische Gefangenschaft[5].

Die Personalunterlagen der amerikanischen A-Kompanie führen 658 Männer auf, die von Juni bis Dezember 1944 zur Kompanie gehört haben. Insgesamt entfallen auf diese 658 Soldaten 850 Präsenzen in der Kompanie. Einige Soldaten haben also mehrmals, unterbrochen etwa von Lazarettaufenthalten, zu ihr gehört. Aus beiden Werten ergibt sich eine Rückkehrquote von 1,28. Im Zeitraum zwischen D-Day und Dezember 1944 betrugen die Verluste der Kompanie 691 Soldaten, denen 561 neue gegenüber standen. Die Kompanie hatte die Invasion mit 203 Soldaten begonnen; als sie aus dem Hürtgenwald kam, betrug ihre Stärke noch 73 Mann[6].

In den Erkennungsmarkenverzeichnissen der 1. Kompanie des Panzergrenadierregiments 192 sind 998 Soldaten eingetragen, die zwischen August 1943 und März 1945 zu dieser Einheit gehört haben. Auf sie entfallen insgesamt 1020 Präsenzen. Die Rückkehrquote lag demnach bei 1,02. Kaum ein Soldat kehrte also nach einer Verwundung zu seiner Kompanie zurück. Zwischen Juni und Dezember 1944 erlitt die Kompanie, die mit 222 Soldaten in die Kämpfe in der Normandie eingegriffen hatte, 441 Verluste durch Tod, Gefangennahme oder Verwundung. Gleichzeitig wurden 290 Mann Personalersatz zugeführt. Als die Kompanie vor Beginn der Ardennenoffensive aufgefrischt wurde, war sie laut Erkennungsmarkenverzeichnis auf 71 Soldaten dezimiert worden.

In weniger als sechs Monaten hatten beide Kompanien rein rechnerisch weit mehr Soldaten verloren, als ihre ursprüngliche Stärke betragen hatte. Verlauf und Struktur der daraus resultierenden Veränderungen ihrer Zusammensetzung verdeutlicht eine sequenzielle Analyse dieses Prozesses. Die konkreten Veränderungen der Zusammensetzung beider Kompanien lassen sich beispielhaft anhand dreier Variablen beobachten: den Herkunftsregionen der Soldaten, ihrer Altersstruktur und ihrer Verweildauer bei ihrer Einheit.

Eine regional homogene Zusammensetzung ihrer Einheiten zählte für die Wehrmacht zu den wichtigsten Faktoren für die

[5] Vgl. Jean-Claude Perrigault, 21. Panzer Division, Bayeux 2002.
[6] Diese und alle folgenden Befunde basieren auf der Auswertung einer Datenbank, in der die Morning Reports der A-Kompanie des 22. Infanterieregiments und die ermittelbaren Personalstammblätter ihrer Soldaten erfasst wurden sowie der Auswertung eines Auszuges aus den Projektdatenbanken für die 1. Kompanie des Panzergrenadierregiments 192. Aufgrund von Ungenauigkeiten und Lücken in den Akten sind die angegebenen Zahlenwerte lediglich Näherungswerte, Diskrepanzen zwischen Variablen ergeben sich daraus.

Erzeugung von Gruppenkohäsion. Soldaten, die den gleichen regionalen Hintergrund teilten – so das berechtigte Kalkül der Personalplaner –, würden stabilere Gruppenstrukturen entwickeln, als dies in einer heterogen zusammengesetzten Einheit der Fall sein könnte. Dies hielt man in der Wehrmacht schon für erreicht, wenn zwei Drittel der Soldaten einer Einheit aus derselben Region stammten[7]. Auch die generationelle Homogenität einer Gruppe galt als Faktor, der die Gruppenstabilität positiv beeinflusste. Die Zeitspanne schließlich, die ein Soldat bei einer Einheit verbrachte, machte ihn zu einem stabilen oder instabilen Element ihrer sozialen Struktur und ist ein guter Indikator dafür, wie sehr sich ihre Zusammensetzung veränderte.

Zum Zeitpunkt ihrer Aufstellung Mitte 1943 musste die 1./192 auf sieben Wehrkreise zurückgreifen, um 65 Prozent ihres Personalbedarfs zu decken. Die restlichen 35 Prozent des Personals verteilten sich auf alle anderen Wehrkreise des Deutschen Reichs. Im Dezember 1944 kamen zwei Drittel der Soldaten aus acht Wehrkreisen, wobei sich eine Verlagerung der Rekrutierungsschwerpunkte vom Süden in den Osten des Reichs abzeichnete. Im Gegensatz zu den Grundsätzen der Personalallokation, die in der Wehrmacht galten, besaß die Kompanie also kein Rekrutierungsgebiet, das klein genug war, um eine regionale Homogenität des Personals gewährleisten zu können. Vor allem die sich erschöpfenden personellen Reserven des Dritten Reichs ließen eine so differenzierte Personalverteilung bei Neuaufstellungen kaum noch zu. Das Altersprofil der 1./192 wies jedoch eine Besonderheit auf: Bei ihrer Mobilisierung gehörten 50 Prozent der Soldaten zum Jahrgang 1924, der Altersgruppe, die im Aufstellungszeitraum der Division kriegsdienstpflichtig wurde. Bis zum Ende des Jahres 1944 bewegte sich der Schwerpunkt der Altersstruktur dann in Richtung der Jahrgänge 1925 und 1926, so dass stets mehr als 50 Prozent des Personals zur jüngsten bei der Wehrmacht eingesetzten Altersgruppe gehörte.

Die Soldaten der 1./192, die im Juli 1944 in der Normandie kämpften, befanden sich mehrheitlich bereits seit 1943 bei ihrer Kompanie und waren gemeinsam ausgebildet worden. Mitte 1944 galt ihre Division als gut geschulter, wenn auch unerfahrener Verband. Mit Beginn des Kampfeinsatzes begann sich dieses stabile Profil jedoch schnell zu verändern. Die Verluste waren dramatisch, und es blieb kaum Zeit, den eintreffenden Personalersatz in die Ein-

---

[7] Vgl. Walter Hedler, Aufbau des Ersatzwesens der Deutschen Wehrmacht, Berlin 1938.

heiten zu integrieren. Etwa die Hälfte der Soldaten, die beispielsweise zwischen September und Dezember 1944 zur Kompanie stie-
ßen, verblieb weniger als zehn Tage im Einsatz. Weitere 30 Prozent
blieben zwischen zehn Tagen und einem Monat, und nur 20 Prozent des Ersatzes gehörten länger als einen Monat zur Kompanie.
Zwar glichen die neu zugewiesenen Soldaten mehrfach die Verluste
numerisch nahezu aus, unter ihnen befand sich jedoch kaum ein zu
seiner Einheit zurückkehrender, von seinen Verwundungen genesener Veteran, sondern fast ausschließlich junge Rekruten, die gerade
die Grundausbildung absolviert hatten. Sie wurden aus einer Viel-
zahl unterschiedlicher Einheiten zur 21. Panzerdivision versetzt,
und es blieb kaum Zeit, sie vor ihrem Einsatz in ihre neuen Kompanien einzubinden.

Um diese Entwicklung besser zu verstehen, ist der Vergleich mit
einer anderen deutschen Kompanie hilfreich. Die 1. Kompanie des
Infanterieregiments 464 der 253. Infanteriedivision wurde im
August 1939 aufgestellt und kämpfte nach ihrem Einsatz im Westen
1940 zwischen 1941 und 1945 an der Ostfront. Ihre Erkennungsmarkenverzeichnisse führen 1 550 Soldaten auf, die zwischen
August 1939 und November 1944 bei ihr gedient haben und etwa
1 700 Präsenzen bei der Kompanie auf sich vereinigen. Daraus
resultiert eine Rückkehrquote von 1,1. Die Verluste umfassten 976
Versetzungen aus der Kompanie, größtenteils bedingt durch Verwundungen, 244 Gefallene und 75 Vermisste. Über den gesamten
Zeitraum hinweg blieb ein Soldat im Durchschnitt 193 Tage bei der
Kompanie. Bei ihrer Aufstellung stammten 85 Prozent ihrer Soldaten aus dem Wehrkreis VI, die Schwerpunkte der Rekrutierung
lagen im Rheinland zwischen Düsseldorf und Köln. Diese hohe regionale Homogenität nahm in den ersten Kriegsjahren – bedingt
durch ein gut funktionierendes Ersatzwesen – nur langsam ab. Mitte
1944 stammten immerhin noch 65 Prozent des Personals aus drei
benachbarten Wehrkreisen, 54 Prozent der Soldaten kamen noch
immer aus dem Wehrkreis VI. Am Ende des Jahres 1944 war dann
allerdings ein weiterer Wehrkreis notwendig, um 65 Prozent des
Personals zu rekrutieren[8]. Noch bis Anfang 1945 bezog die Kompanie allerdings etwa drei Viertel ihres Personalersatzes, der sich
aus Rekruten und genesenen Veteranen zusammensetzte, aus

---

[8] Vgl. Christoph Rass, Das Sozialprofil von Kampfverbänden des deutschen
Heeres 1939 bis 1945, in: Jörg Echternkamp (Hrsg.), Das Deutsche Reich und
der Zweiten Weltkrieg, Bd. 9/1: Die deutsche Kriegsgesellschaft 1939–1945.
Politisierung, Vernichtung, Überleben, München 2004, S. 641–741.

Ersatzeinheiten, die der 253. Infanteriedivision direkt zugeordnet waren.

Im Hinblick auf das Sozialprofil lassen sich in der Wehrmacht 1944 also unterschiedliche Typen von Einheiten feststellen. Zum einen *alte* Einheiten, deren Sozialprofil sich über den gesamten Krieg veränderte. Sie wiesen bei Kriegsbeginn eine Zusammensetzung auf, die den Intentionen des Rekrutierungssystems der Wehrmacht entsprach. Charakteristisch für solche Einheiten war ein hoher Grad von Homogenität hinsichtlich der regionalen Herkunft ihrer Soldaten und ihr breites Geburtsintervall. Zum anderen gab es *neue* Einheiten, die erst 1943 und 1944 aufgestellt wurden. Sie besaßen nie ein solches Profil, sondern zeichneten sich durch eine regional heterogene Zusammensetzung aus. Aufgrund der schwindenden Personalreserven des Dritten Reichs bildete sich jedoch – was ursprünglich nicht beabsichtigt war – in vielen dieser Einheiten eine neue generationelle Homogenität heraus. Die intensive Sozialisation dieser jungen Soldaten durch das nationalsozialistische Deutschland dürfte ihren Zusammenhalt verstärkt haben – vor allem, wenn die jungen Soldaten von einem stabilisierenden Korsett aus erfahrenen Veteranen umgeben waren.

Nun zum amerikanischen Gegenstück der deutschen Panzergrenadierkompanie, der A-Kompanie des 22. Infanterieregiments. Am D-Day kamen 65 Prozent ihrer Soldaten, das hätte dem Zwei-Drittel-Kriterium der Wehrmacht entsprochen, aus sieben Bundesstaaten im Nord- und Südwesten der USA. Etwa 40 Prozent des Personals stammten aus New York und Pennsylvania, es ließe sich also von einem Kernrekrutierungsgebiet der Kompanie in diesen beiden Regionen sprechen. Die übrigen 35 Prozent der Soldaten stammten aus 17 weiteren Bundesstaaten. Dies gab der Kompanie ein eher heterogenes regionales Profil: ihr Personal stammte aus einem Gebiet, das bevölkerungsreicher und größer war als das gesamte Deutsche Reich. Im Dezember 1944 stammten zwei Drittel der Soldaten aus elf Staaten, die restlichen aus weiteren 18. Das Rekrutierungsgebiet hatte sich ausgeweitet. Gleichzeitig waren die vorherigen Schwerpunkte verblasst: New York und Pennsylvania stellten nur noch 25 Prozent des Personals. Dabei verschob sich auch das Altersprofil der Kompanie. Ursprünglich waren 70 Prozent der Soldaten zwischen 1913 und 1920 geboren worden, waren also zwischen 20 und 27 Jahre alt. Im Dezember 1944 gehörte jedoch mehr als die Hälfte der Soldaten den Jahrgängen zwischen 1919 und 1925 an. Auch die Verweildauer der Soldaten hatte sich drastisch verändert. Die Soldaten, die am D-Day mit der A-Kompanie ins Gefecht gingen, waren überwiegend bereits seit mehr als drei Jahren in der

Armee und hatten den größten Teil dieses Zeitraums gemeinsam gedient. Nach den Invasionskämpfen fiel die durchschnittliche Dienstzeit der Soldaten auf nur 19 Monate und stieg erst mit der Rückkehr genesener Veteranen Ende 1944 wieder auf 22 Monate an. Unmittelbar nach Beginn der Invasion blieb ein Soldat im Durchschnitt noch 44 Tage bei der Kompanie. Während der ruhigeren Herbstmonate stieg dieser Wert auf 84 bis 117 Tage an und fiel dann wieder auf 106 Tage ab. Während der Schlacht im Hürtgenwald hatten Tote, Verwundete oder Vermisste zwischen 70 und 91 Tage zur Kompanie gehört, bevor sie ihr Schicksal ereilte.

Was ergibt sich aus diesem kursorischen Vergleich? Sowohl US-Armee wie Wehrmacht trafen teilweise mit gut ausgebildeten und gut integrierten Kampfeinheiten aufeinander. Beide Organisationen unterschieden sich jedoch sowohl im Hinblick auf die Zusammensetzung ihrer Einheiten als auch in ihrem Umgang mit Verlusten. Die Wehrmacht versuchte, das von ihr zunächst intendierte Sozialprofil durch die Zuführung entsprechenden Personalersatzes aufrechtzuerhalten. Als dies kriegsbedingt immer weniger möglich wurde, bildeten sich an Stelle der regionalen Homogenität des Personals vielfach generationelle Schwerpunkte in der Personalstruktur heraus. Die amerikanische Armee verzichtete dagegen von vorn herein auf eine regionalspezifische Allokation ihrer Soldaten. Im Kriegsverlauf haben dann Personalverluste, Mobilisierungsstrategien und die Größe des amerikanischen Rekrutierungspools nicht zu einen Sozialprofil geführt, das mit dem der Neuaufstellungen der Wehrmacht 1943/44 vergleichbar gewesen wäre[9].

Ein letzter Blick auf die deutsche und die amerikanische Einheit offenbart einen weiteren interessanten Unterschied. Während des zweiten schweren Einsatzes der A-Kompanie im Hürtgenwald veränderte sich die Struktur ihrer Verluste im Vergleich zu den Ereignissen in der Normandie. Der Anteil der Gefallenen sowie der Schwerverwundeten sank, der Anteil der leicht Verwundeten sowie der unter Erschöpfungssymptomen leidenden Soldaten, die in Lazarette eingewiesen wurden, stieg bei insgesamt wachsenden Verlusten an. Dies beschleunigte die Personalfluktuation beträchtlich und verkürzte die Einsatzdauer der Soldaten. Der Druck, den intensive Kampfhandlungen auf die Strukturen der Kompanie ausübten, wurde partiell durch den fortlaufenden Austausch des Personals abgeleitet. Vergleichbares ist auf der Gegenseite nicht festzustellen.

---

[9] Vgl. Samuel A. Stouffer u. a., The American Soldier, Combat and its aftermath, Bd. 2, Princeton 1949.

Bei der 1. Kompanie des Panzergrenadierregiments 192 stieg im gleichen Zeitraum die Zahl der Vermissten exponentiell an. Unter diesen Vermissten befanden sich nicht Wenige, die in Gefangenschaft gerieten oder sich in Gefangenschaft begaben, wenn sich eine Gelegenheit zum Überleben bot. Auch dies ist ein wichtiger struktureller Unterschied: Die GI's konnten aus dem Krieg „aussteigen", den Landsern bot nur die Gefangennahme eine Möglichkeit, dem Krieg zu entkommen.

4. Der Gefreite Jedermann

Die Suche nach dem *Gefreiten Jedermann* ist eine Suche nach dem Menschen in der Masse. Gleichzeitig werden dabei die institutionellen Strukturen und Muster deutlich, die diese Menschen unter den Bedingungen des Krieges bildeten. Um die Entwicklung dieser Strukturen im Krieg besser zu verstehen, reicht es nicht aus, militärische Verluste isoliert zu betrachten. Unabdingbar scheint auch die biographische Analyse mit einer massen- beziehungsweise strukturbiographischen Komponente. Die Beobachtung militärischer Einheiten mit ihren Tausenden von Angehörigen erlaubt eine differenzierte und dynamische Rekonstruktion ihres sozialen Wandels. Der hier skizzierte Ansatz ließe sich noch in vieler Hinsicht weiterentwickeln. Denkbar wäre eine stärkere Einbeziehung der individualbiographischen Dimensionen, der operationsgeschichtlichen Aspekte oder ein Vergleich mit anderen Untersuchungsobjekten.

Auf diese Weise erschließen sich die Biographien der einfachen Soldaten, die in jeder Armee die größte Gruppe bilden und doch selten Spuren hinterlassen, die sie als Individuen oder Gruppen erkennbar machen. Ihre Anonymität in den Strukturen militärischer Organisationen und im Mahlstrom des Krieges gilt es aufzubrechen.

19. Februar 1943, dritte von links Ilse Schmidt.
Quelle: Ilse Schmidt, Die Mitläuferin. Erinnerungen einer Wehrmachtsangehörigen, Berlin 1999, Bildteil nach S. 96.

Birgit Beck-Heppner
Frauen im Dienst der Wehrmacht: Individuelle oder kollektive Kriegserfahrung?

1. Frauen in der Wehrmacht

„Wo bin ich hier? Wer bin ich? Was mache ich in diesem Männerkrieg? Männer machen Krieg. Männer töten. Und sie brauchen Frauen als Handlangerinnen in ihrem Krieg."[1] Diese Sätze finden sich in der Autobiographie von Ilse Schmidt, die während des Zweiten Weltkriegs als Stabshelferin bei der Wehrmacht diente. Sie gehörte zu den insgesamt 500 000 so genannten Helferinnen der Wehrmacht[2], die vor allem seit Sommer 1940 aufgrund des rapide steigenden Personalbedarfs bei allen Teilstreitkräften eingesetzt waren – beim Heer, bei der Luftwaffe und bei der Marine. Als zivile Angestellte zählten die Frauen zum Wehrmachtgefolge und besaßen den Status von Nichtkombattanten im Sinne der Haager Landkriegsordnung; sie unterlagen jedoch den Richtlinien des Militärstrafgesetzbuchs, der Wehrmachtdisziplinarstraf- sowie der Kriegsstrafverfahrensordnung. Mitte 1944 arbeiteten rund 300 000 Mädchen und Frauen in unterschiedlichen Funktionen für die Armee: Als Stabshelferinnen erledigten sie überwiegend Bürotätigkeiten, die Nachrichtenhelferinnen, die der Volksmund in Anlehnung an die Uniformabzeichen auch zweideutig „Blitzmädel" nannte, waren für die Aufrechterhaltung der Kommunikation an Fernsprechern und Fernschreibern verantwortlich, während bei der Luftwaffe Flakwaffenhelferinnen unter anderem Scheinwerfer und Zielgeräte bedienten[3]. Das Einsatzgebiet der Stabs- und Nachrichtenhelferinnen des Heeres konzentrierte sich zunächst auf das besetzte Frankreich und das Generalgouvernement, dehnte sich aber während des Krie-

---

[1] Ilse Schmidt, Die Mitläuferin. Erinnerungen einer Wehrmachtsangehörigen, Berlin 1999, S. 81.
[2] Vgl. Franz W. Seidler, Blitzmädchen. Die Geschichte der Helferinnen der deutschen Wehrmacht im Zweiten Weltkrieg, Koblenz 1979, S. 12.
[3] Vgl. Bettina Blum, „Einen weiblichen Soldaten gibt es nicht." Helferinnen der Wehrmacht zwischen männlichem Einsatz und ‚fraulicher Eigenart', in: Ariadne. Forum für Frauen- und Geschlechtergeschichte 47 (2005), S. 46–51, hier S. 46.

ges auf alle von der Wehrmacht okkupierten europäischen Gebiete aus. Um im Rahmen des „totalen" Kriegseinsatzes möglichst viele Männer für die Front mobilisieren und durch Frauen ersetzen zu können, begann das OKW im Herbst 1944 mit den Planungen für ein eigenständiges Wehrmachthelferinnenkorps, in dem die verschiedenen Helferinnengruppen zusammengefasst werden sollten. Zwar erließ das OKW noch im April 1945 den Aufstellungsbefehl für dieses reine Frauenkorps, die sich immer dramatischer entwickelnde Kriegslage ließ jedoch auch diesen Plan obsolet werden.

Die Helferinnen waren nicht nur im Ausland, sondern auch an der „Heimatfront" im Einsatz, die einen freiwillig, die anderen dienst- oder notdienstverpflichtet oder im Rahmen des „Reichsarbeitsdienstes für die weibliche Jugend"[4]. Stellten diese Mädchen und Frauen in erster Linie „Handlangerinnen" dar, wie Ilse Schmidt betont und wie es auch der offizielle Titel „Helferin" suggeriert[5]? Inwieweit agierten sie selbständig, was wussten sie von den Verbrechen des Regimes, waren sie Täterinnen[6]?

Pauschale Charakterisierungen wie diese sind problematisch, denn die Erforschung der Rolle der Wehrmachthelferinnen steckt noch immer in den Anfängen. Trotz der intensiv geführten Debatte um die „Mit-Täterschaft" von Frauen im Nationalsozialismus, die Anfang der 1980er Jahre angestoßen wurde, interessierte sich zunächst kaum jemand für den Militäreinsatz von Frauen im Zweiten Weltkrieg. Lange dominierten in der Öffentlichkeit wie in der Wissenschaft zwei Vorstellungen – das Bild vom Krieg, der ausschließlich von Männern geführt wird, sowie der „Mythos von der Frau als Opfer"[7]. Von den älteren, insbesondere organisationsgeschichtlich angelegten Studien von Ursula von Gersdorff und Franz W. Seidler

---

[4] Vgl. Ursula von Gersdorff, Frauen im Kriegsdienst 1914–1945, Stuttgart 1969, S. 60–74; und Seidler, Blitzmädchen, S. 8–16.

[5] Blum, Helferinnen, S. 47. Vgl. auch Franka Maubach, Die Helferinnen der Wehrmacht: Auf der Suche nach der verlorenen Heroik weiblicher Hilfe im Krieg, Redemanuskript für die Jahrestagung des Arbeitskreises Militärgeschichte e.V., Düsseldorf 2004, S. 4 f.

[6] Vgl. Gaby Zipfel, „Die Welt ist so schön, und wir zerstören sie.", in: Schmidt, Mitläuferin, S. 167–191.

[7] Andrea Nachtigall/Anette Dietrich, (Mit-)Täterinnen. Weiblichkeitsdiskurse im Kontext von Gewalt, Krieg und Nation, in: Ariadne. Forum für Frauen- und Geschlechtergeschichte 47 (2005), S. 6–13, Zitat S. 6. Vgl. auch Christina Herkommer, Frauen im Nationalsozialismus – Opfer oder Täterinnen? Eine Kontroverse der Frauenforschung im Spiegel feministischer Theoriebildung und der allgemeinen historischen Aufarbeitung der NS-Vergangenheit, München 2005.

abgesehen, wurde die Bedeutung der Thematik erst in den vergangenen Jahren erkannt. Mittlerweile liegen neben autobiographischen Werken und Aufsätzen[8] vor allem Arbeiten aus dem Bereich der Oral History[9] vor, eine wissenschaftliche Biographie über eine einzelne Helferin steht bislang jedoch noch aus.

In diesem Beitrag werden zwei Frauen vorgestellt, und zwar unter der Frage, wie sie ihren Dienst in der Wehrmacht autobiographisch verarbeitet haben. Es handelt sich um die bereits zitierte Stabshelferin Ilse Schmidt und um Marianne Feuersenger, die als Sekretärin beim Wehrmachtführungsstab in der höchsten Führungszentrale der Wehrmacht tätig war. Neben einem kurzen Überblick über das Leben beider Frauen werden anhand einiger Beispiele aus den Ego-Dokumenten die Möglichkeiten und Grenzen dieser Quellen aufgezeigt. Darüber hinaus wird der Frage nachgegangen, inwieweit solche Lebensläufe symptomatisch sein könnten für die gesamte, noch weitgehend anonyme Gruppe der Helferinnen.

2. Individuelle Beispiele: Marianne Feuersenger und Ilse Schmidt

Marianne Feuersenger wurde 1919 in Potsdam geboren. Ihr Vater, Leiter des Großen Waisenhauses, wurde wegen seiner politischen Einstellung 1934 entlassen. Für das Verhältnis seiner Tochter gegenüber dem nationalsozialistischen System wird das nicht folgenlos geblieben sein. So fällt auf, dass sie nicht dem BDM beitrat, was ihr

---

[8] Vgl. Birthe Kundrus, Nur die halbe Geschichte. Frauen im Umfeld der Wehrmacht zwischen 1939 und 1945. Ein Forschungsbericht, in: Rolf-Dieter Müller/Hans-Erich Volkmann (Hrsg.), Die Wehrmacht. Mythos und Realität, München 1999, S. 719–735; Karen Hagemann, „Jede Kraft wird gebraucht". Militäreinsatz von Frauen im Ersten und Zweiten Weltkrieg, in: Bruno Thoß/Hans-Erich Volkmann (Hrsg.), Erster Weltkrieg – Zweiter Weltkrieg. Ein Vergleich. Krieg, Kriegserlebnis, Kriegserfahrung in Deutschland, Paderborn 2002, S. 79–106, hier S. 92–106; Franka Maubach, Als Helferin in der Wehrmacht. Eine paradigmatische Figur des Kriegsendes, in: Osteuropa 55 (2005) 4-6, S. 197–205.

[9] Vgl. Ursula von Gersdorff, Die Frau im Zweiten Weltkrieg. Einsatz und Schicksal, in: Jahresbibliographie der Bibliothek für Zeitgeschichte 36 (1964), S. 470–505, hier S. 490–493; Rosemarie Killius, Frauen für die Front. Gespräche mit Wehrmachtshelferinnen, Leipzig 2003. Die Historikerin Franka Maubach hat für ihre Dissertation ebenfalls ehemalige Helferinnen interviewt; die Publikation der Arbeit ist in Vorbereitung.

später die Ausbildung zur Bibliothekarin verwehrte. 1939 war sie zunächst beim Heereswaffenamt angestellt, im April 1940 wurde sie Sekretärin bei der Abteilung Landesverteidigung des Wehrmachtführungsstabs. Sie stellte Materialien für die Lagebesprechung bei Oberst i.G. Walter Warlimont zusammen und arbeitete mit am „Kriegstagebuch des Führers und des Wehrmachtführungsstabes". Im Februar 1941 wurde sie Sekretärin von Oberstleutnant i.G. Walter Scherff, dem Leiter der „Kriegsgeschichtlichen Abteilung des Oberkommandos der Wehrmacht". Damit erhielt sie Einsicht in zahlreiche Unterlagen der obersten Wehrmachtführung und war wie kaum eine andere Frau sehr gut über das aktuelle Kriegsgeschehen informiert. Im März 1944 wurde Feuersengers Dienststelle nach Berchtesgaden verlegt, wo sie Kontakt zu einigen ranghohen Militärs wie General Alfred Jodl hatte. Nach ihrer Rückkehr nach Berlin flüchtete sie, zermürbt durch die ständigen Bombenangriffe, im Januar 1945 zu ihrer Schwester nach München. Nur aufgrund des allgemeinen Chaos bei Kriegsende entkam sie einer Anklage wegen „unerlaubter Entfernung von der Truppe". Nach 1945 wurde Marianne Feuersenger Journalistin und arbeitete für den Bayerischen Rundfunk und das ZDF. Ihre Tagebuchnotizen und die Briefe an ihre Schwester aus den Jahren 1940 bis 1945 erschienen erstmals 1982 und wurden seither in mehreren Auflagen publiziert[10].

Über Ilse Schmidt und ihren Dienst in der Wehrmacht gibt dagegen ihre in den 1980er Jahren verfasste und 1999 publizierte Autobiographie Auskunft. Schmidt wurde im gleichen Jahr wie Feuersenger in der Mark Brandenburg als Tochter eines Großhändlers für Obst und Gemüse geboren. Als Jugendliche entging sie durch ihre hartnäckige Weigerung, Uniform zu tragen, der Mitgliedschaft im BDM, auch den Arbeitsdienst absolvierte sie nicht. Nach einer Ausbildung an der Berliner Handelsschule wurde sie 1940 als Stabshelferin bei der Marine-Propaganda-Abteilung West in Paris angestellt. Es folgten einige Monate Einarbeitungszeit und die Versetzung nach Bordeaux, wo Schmidt als Sekretärin an der Herstellung der Marine-Frontzeitung „Gegen Engeland" mitwirkte. Im Juni 1941 wechselte sie zur Wehrmachts-Propaganda-Abteilung Südost in Belgrad, die für den Sender Belgrad und die deutschsprachige „Donauzeitung" zuständig war. Bei dieser Dienststelle blieb Ilse Schmidt ein Dreivierteljahr, bis sie im März 1942 dem Wehrmachtbefehlshaber

---

[10] Vgl. Marianne Feuersenger, Im Vorzimmer der Macht. Aufzeichnungen aus dem Wehrmachtführungsstab und Führerhauptquartier 1940–1945, München ⁵2001.

Ukraine in Rowno zugeteilt wurde, wo sie vor allem für den Kommandeur des Streifendienstes arbeitete. Im Frühjahr 1943 kam Ilse Schmidt wieder nach Berlin und gehörte für kurze Zeit der Abteilung Ausland/Abwehr III unter Admiral Wilhelm Canaris an. Anschließend ging sie im Juni 1943 auf eigenen Wunsch zur Wirtschaftsabteilung der deutschen Botschaft in Rom und später nach Verona, wo sie für ihren Einsatz noch das Kriegsverdienstkreuz II. Klasse erhielt. 1945 wurde Schmidt in Meran interniert und kehrte erst an Weihnachten 1946 nach Deutschland zurück. Nach dem Krieg arbeitete sie als Sekretärin für die Sowjetische Militäradministration und später bei der Technischen Universität Berlin als Bibliotheksangestellte.

Schon die Laufbahnen dieser beiden Frauen werfen einige Fragen auf: Wie haben sie den Zweiten Weltkrieg in der Heimat und im Ausland erlebt, welche Informationen erhielten sie aufgrund ihres Dienstes über den Krieg und das übrige Geschehen, welche Erlebnisse waren prägend für sie und wie interpretierten sie ihre eigene Rolle bei der Armee?

In den Aufzeichnungen von Marianne Feuersenger dominiert die konkrete Darstellung ihres Arbeitsalltags. Die Verfasserin vermittelt sowohl einen Eindruck von ihrer Tätigkeit als Sekretärin als auch von der jeweiligen aktuellen militärischen Lage und liefert darüber hinaus recht aufschlussreiche Charakterisierungen ihrer Mitarbeiter. Daneben wird aber auch der Privatmensch Feuersenger sichtbar, ihre Vorlieben und ihre Freizeit. So beschreibt sie ausführlich den Besuch von Konzerten und Theateraufführungen. In den Eintragungen ab 1943 tauchen dann verstärkt Berichte über die Bombenangriffe auf Berlin und die starke Beschädigung der eigenen Wohnung auf. Während Feuersenger aufgrund ihrer Anstellung beim Wehrmachtführungsstab den Krieg ausschließlich in der Heimat erlebt hat, verbrachte Ilse Schmidt die Zeit zwischen 1940 und 1945 vor allem außerhalb des Deutschen Reichs. Ihre Erinnerungen gleichen daher streckenweise einem „Reisebericht"[11], in dem landestypische Ausflüge und Männerbekanntschaften erzählt werden. Dieses idyllische Bild erhält jedoch auch deutliche Kratzer, wenn Schmidt Kriegsverbrechen wie die Erschießung von

[11] Hanna Christiansen, Was vom Holocaust erinnert wird hängt davon ab, wie es erinnert wird. Die Erinnerungen der Wehrmachtsangehörigen Ilse Schmidt, in: literaturkritik.de 9 (2001), http://www.literaturkritik.de/public/rezension.php?rez_id=4124 (zuletzt aufgerufen am 22. 9. 2006).

Partisanen in Serbien oder die Deportation und Ermordung von Juden in der Ukraine schildert[12].

Beide Berichte ermöglichen durch die enge Verknüpfung von dienstlichen und privaten Erlebnissen vielfältige Einblicke in die Arbeit von Stabshelferinnen in sehr unterschiedlichen Positionen. Sie veranschaulichen aber auch, wie zwei Frauen den Krieg individuell erfahren haben – und was sie davon mitteilen wollten[13]. Dazu bedienten sie sich verschiedener Verfahren: So umfasst das Buch von Marianne Feuersenger zeitgenössische Tagebucheinträge und vor allem Briefe aus der Zeit zwischen 1940 und 1945. Mit Rücksicht auf ihren Diensteid und aus Angst vor der Entdeckung ihrer persönlichen Notizen unterwarf sie sich damals einer gewissen Selbstzensur und teilte vor allem in den Briefen militärische Informationen nur verkürzt, in verschlüsselter Form oder überhaupt nicht mit. Dagegen sind die Aufzeichnungen von Ilse Schmidt erst 40 Jahre nach dem Krieg aus der Retrospektive verfasst. Wie bereits die methodischen Überlegungen zur Oral History aufzeigen, unterliegt ein solcher Rückblick jedoch einem steten Wandel, der durch die eigene Biographie nach dem Krieg, den gesellschaftlichen Kontext sowie durch die öffentliche oder wissenschaftliche Auseinandersetzung mit der Vergangenheit beeinflusst wird. Die eigene Vergangenheit wird in der Rückschau also nicht nur rekonstruiert, sondern in einem bewussten und unbewussten Prozess zugleich konstruiert[14]. Autobiographien stellen daher eine besondere methodische Herausforderung dar, zu fragen ist nach den Motiven, Wahrnehmungen und Handlungsspielräumen, von denen kaum oder gar nicht die Rede ist. So fällt bei beiden Werken auf, dass deren Verfasserinnen über den Krieg klagen und ihre Führung kritisieren, während sie ihre eigene Arbeit für die Armee damit nur selten in Verbindung bringen. Deutlich wird diese loyale Haltung vor allem bei Ilse

---

[12] Vgl. Schmidt, Mitläuferin, S. 37 f. und S. 72–77; vgl. auch Astrid von Chamier/Insa Eschebach/Ilse Schmidt, „Ich persönlich habe keinen Ton gesagt." Erinnerungsbilder einer ehemaligen Stabshelferin, in: Werkstatt Geschichte 10 (1995), S. 67–72.

[13] Vgl. Nikolaus Buschmann/Horst Carl, Zugänge zur Erfahrungsgeschichte des Krieges. Forschung, Theorie, Fragestellung, in: dies. (Hrsg.), Die Erfahrung des Krieges. Erfahrungsgeschichtliche Perspektiven von der Französischen Revolution bis zum Zweiten Weltkrieg, Paderborn 2001, S. 11–26, hier S. 18–21.

[14] Vgl. Barbara Keller, Rekonstruktion von Vergangenheit. Vom Umgang der „Kriegsgeneration" mit Lebenserinnerungen, Opladen 1996, S. 32–48 und S. 62–70; Volker Depkat, Autobiographie und die soziale Konstruktion von Wirklichkeit, in: GuG 29 (2003) 3, S. 441–476.

Schmidt, die 1942 in Rowno Augenzeugin einer Deportation polnischer Juden wurde und später von deren Ermordung erfuhr. In ihrer Autobiographie beschreibt sie dieses Ereignis als eine für sie schockierende Erfahrung, der sie „ohnmächtig" gegenübergestanden habe. Bei einem Gespräch mit anderen Stabshelferinnen wagte sie es nicht, das Verbrechen explizit zu verurteilen, sie wandte sich auch nicht an ihre Vorgesetzten, sondern ging, mit dem „Kopf nach unten!", weiter zur Arbeit[15].

Angesichts von etwa 20 500 Nachrichten- und Stabshelferinnen, die 1943/44 beim Feldheer und in den besetzten Gebieten im Einsatz waren[16], stellt sich die Frage, ob einige von diesen Frauen vergleichbare Erfahrungen mit Kriegs- und NS-Verbrechen gemacht und ähnlich wie Schmidt versucht haben, solche Ereignisse möglichst auszublenden. Zwar sind individuelle Beispiele unentbehrlich und dienen als biographisches Anschauungsmaterial. Freilich sollte eine zu starke Fokussierung auf Einzelschicksale vermieden werden, damit sich die Geschichte des Zweiten Weltkriegs nicht in ein „Chaos individueller, subjektiver Empfindungen und Handlungen […], ohne erkennbare übergreifende Zusammenhänge"[17] auflöst. Autobiographische Quellen sind vielmehr als Ausgangsbasis zu verstehen, um nach den kollektiven Erfahrungen, Handlungen und Beweggründen von Helferinnen zu fragen. Wie der Soziologe Georg Simmel 1916 im Hinblick auf den singulären Charakter eines Ereignisses oder auch eines Menschen betont hat, lässt sich das „Schicksal eines Individuums, als Ganzes unvergleichlich, […] in eine Summe von Ereignissen vereinzeln, deren jedes eigentlich ein häufiges Vorkommnis ist, und zwar umso augenscheinlicher, je kleiner man die Abschnitte wählt."[18]

---

[15] Vgl. Schmidt, Mitläuferin, S. 74–77, die Zitate finden sich auf S. 76.

[16] Vgl. Gersdorff, Frauen im Kriegsdienst, S. 74.

[17] Imanuel Geiss, Die Rolle der Persönlichkeit in der Geschichte: zwischen Überbewerten und Verdrängen, in: Michael Bosch (Hrsg.), Persönlichkeit und Struktur in der Geschichte. Historische Bestandsaufnahme und didaktische Implikationen, Düsseldorf 1977, S. 10–24, hier S. 11.

[18] Georg Simmel, Das Problem der historischen Zeit. Vortrag, gehalten am 3. März 1916 in der Berliner Abteilung der Kant-Gesellschaft, in: Georg Simmel Gesamtausgabe, Bd. 15, Frankfurt a.M. 2003, S. 289–304, hier S. 302. Vgl. auch Klaus Latzel, Deutsche Soldaten – nationalsozialistischer Krieg? Kriegserlebnis – Kriegserfahrung 1939–1945, Paderborn 1998, S. 39–99.

3. Das Allgemeine im Besonderen

Trotz unseres – im Vergleich zur Geschichte der Wehrmachtsoldaten immer noch geringen – Wissens über den Kriegsalltag des weiblichen Wehrmachtgefolges lassen sich im Falle von Feuersenger und Schmidt einige Parallelen zur Motivation und den Erfahrungen ihrer „Kameradinnen" aufzeigen. Dazu zählen die freiwillige Meldung, auch aus Abenteuer- und Reiselust heraus, der Wunsch nach Emanzipation von der Familie, die Annehmlichkeiten, die der Dienst in der Wehrmacht mit sich bringen konnte, sowie die Zustimmung zum Wandel der traditionellen Rollenverteilung. Einige der zumeist jungen Frauen begriffen den Krieg auch als Chance, um selbständig zu werden und in Berufe vorzudringen, die zuvor Männern vorbehalten waren[19]. Ermöglicht und zugleich legitimiert wurde diese Entwicklung durch den Totalen Krieg, der auch in anderen kriegführenden Ländern die massive Mobilisierung der Zivilgesellschaft sowie den verstärkten Einsatz von Frauen in der Armee erforderlich machte[20]. Allerdings durften sich die deutschen Frauen nur „als Helferinnen, nicht als Soldatinnen [...] in das nationalsozialistische Geschlechterbild"[21] einfügen. Den untergeordneten Status, der ihnen innerhalb der Wehrmacht zugedacht war, konnten vor allem jene Frauen kompensieren, die im Ausland eingesetzt wurden. In der Hierarchie der Besatzungsgesellschaft nahmen die Helferinnen, ähnlich wie auch andere Frauen in der deutschen Besatzungsverwaltung, einen Platz ein, der ihnen eine gewisse Macht über Frauen und Männer anderer Nationen sicherte. Einige „genossen" diese Position und nutzten sie für ihre persönlichen Interessen[22]. Zugleich reflektierten sie

---

[19] Vgl. Jörg Echternkamp, Im Kampf an der inneren und äußeren Front. Grundzüge der deutschen Gesellschaft im Zweiten Weltkrieg, in: ders. (Hrsg.), Das Deutsche Reich und der Zweite Weltkrieg, Bd. 9/1: Die deutsche Kriegsgesellschaft 1939-1945. Politisierung, Vernichtung, Überleben, München 2004, S. 1–92, hier S. 38 f.

[20] Vgl. Roger Chickering, Total War: The Use and Abuse of a Concept, in: ders./Manfred F. Boemeke/Stig Förster (Hrsg.), Anticipating Total War. The German and American Experiences, 1871-1914, Cambridge 1999, S. 13–28, hier S. 16 und S. 19 f.; Roger Chickering/Stig Förster, Are We There Yet? World War II and the Theory of Total War, in: dies./Bernd Greiner (Hrsg.), A World at Total War. Global Conflict and the Politics of Destruction, 1937-1945, Cambridge 2005, S. 1–16.

[21] Hagemann, Militäreinsatz, in: Thoß/Volkmann (Hrsg.), Erster Weltkrieg – Zweiter Weltkrieg, S. 102.

[22] Schmidt, Mitläuferin, S. 23 und S. 124 f., Zitat auf S. 125. Vgl. auch Elizabeth Harvey, Women and the Nazi East. Agents and Witnesses of Germanization, Cambridge 2003, S. 144–152 und S. 177–180; Killius, Frauen, S. 23 und S. 168.

trotz ihrer Kenntnisse von der verbrecherischen Seite des Regimes die eigene Tätigkeit wenig selbstkritisch[23].

Die Beschäftigung mit Lebensläufen wie denen von Feuersenger und Schmidt verdeutlicht auch, welche Forschungsdefizite es noch gibt[24]. So gehörte Marianne Feuersenger zu denjenigen Frauen, die zunächst freiwillig zur Wehrmacht gingen, ihr aber dann nicht mehr Gefolgschaft leisten konnten oder wollten. Anders als die Verweigerungsformen von Soldaten und deren Motive sind jene des weiblichen Wehrmachtgefolges aber erst in Ansätzen untersucht[25]. Ähnliches gilt in Bezug auf die Akzeptanz dieser Frauen innerhalb der Armee. Zahlreiche Photographien belegen anschaulich, dass die Helferinnen nicht nur gemeinsam mit den Männern Dienst hatten, sondern mit diesen auch Feste feierten und Ausflüge unternahmen[26]. Dabei stellt sich die Frage, ob die Frauen innerhalb einer männerbündischen Gesellschaft mit ihren eigenen Regeln und Vorstellungen von „Kameradschaft" als gleichberechtigte „Kameradinnen" anerkannt wurden[27]. Die negativen Erfahrungen von Schmidt und anderen Frauen, die sich beim Rückzug aus den besetzten Gebieten und bei Kriegsende von ihren männlichen „Kameraden" im Stich gelassen fühlten, deuten die Grenzen dieser militärischen Gemeinschaft an[28]. Bislang ist auch wenig über die Gruppe der Helferinnen bekannt, die 1944/45 in Gefangenschaft geriet[29]. Ihre Er-

---

[23] Vgl. Elizabeth Harvey, Erinnern und Verdrängen. Deutsche Frauen und der „Volkstumskampf" im besetzten Polen, in: Karen Hagemann/Stefanie Schüler-Springorum (Hrsg.), Heimat – Front. Militär und Geschlechterverhältnisse im Zeitalter der Weltkriege, Frankfurt a.M. 2002, S. 291–310, hier S. 302–307; Margarete Dörr, „Wer die Zeit nicht miterlebt hat..." Frauenerfahrungen im Zweiten Weltkrieg und in den Jahren danach, Bd. 2: Kriegsalltag, Frankfurt a.M. 1998, S. 120 und S. 132–138.

[24] Vgl. Hagemann, Militäreinsatz, in: Thoß/Volkmann (Hrsg.), Erster Weltkrieg – Zweiter Weltkrieg, S. 105.

[25] Vgl. Stefanie Reichelt, „... Feiglinge mit dem Scheuerlappen an die Front zu hauen!" Münchner Frauen im Konflikt mit Wehrmachts- und Sondergerichtsbarkeit, in: Sybille Krafft (Hrsg.), Zwischen den Fronten. Münchner Frauen in Krieg und Frieden 1900-1950, München 1995, S. 342–359.

[26] Vgl. die Aufnahmen bei Schmidt, Mitläuferin, Bildteil S. 96 f.; und Seidler, Blitzmädchen, S. 94, S. 96 f., S. 119 und S. 154.

[27] Vgl. Thomas Kühne, Kameradschaft. Die Soldaten des nationalsozialistischen Krieges und das 20. Jahrhundert, Göttingen 2006, S. 94–97.

[28] Vgl. Schmidt, Mitläuferin, S. 89–95; Maubach, Helferin, S. 198 f. und S. 203; Gerda Szepansky, „Blitzmädel", „Heldenmutter", „Kriegerwitwe". Frauenleben im Zweiten Weltkrieg, Frankfurt a.M. 1995, S. 96 f.

[29] Hagemann, Militäreinsatz, in: Thoß/Volkmann (Hrsg.), Erster Weltkrieg – Zweiter Weltkrieg, S. 103.

fahrungen sowie der Prozess ihrer Wiedereingliederung in die Nachkriegsgesellschaft sind ebenso interessante Themen wie der Vergleich des militärischen Einsatzes deutscher Frauen mit dem von Frauen anderer Nationen[30].

Im Hinblick auf den Erkenntnisgewinn für die Alltags-, Mentalitäts- und Sozialgeschichte des Zweiten Weltkriegs sollten künftige Untersuchungen nicht nur auf das Individuum ausgerichtet sein, sondern auch die kollektiven Erfahrungen mit einbeziehen – und zwar jene von weiblichen wie männlichen Armeeangehörigen. Nur durch diesen komparativen Ansatz wird der Tatsache Rechnung getragen, dass Frauen und Männer, zumindest in Teilbereichen, zusammen in der Wehrmacht Dienst taten.

---

[30] Vgl. Reina Pennington, Wings, Women, and War. Soviet Airwomen in World War II Combat, Lawrence 2001.

Bernhard R. Kroener
Gibt es ein richtiges Leben im falschen?
Biographische Deutungen im Zeitalter zusammenbrechender Werte und Welten

1. Biographie und Historiographie

Der Himmel habe „zwischen Historikern und Biographen [...] Zwietracht" gesät, konstatierte Ulrich Raulff, der selbst mit biographischen Studien hervorgetreten ist, noch vor einigen Jahren[1]. In der Tat schien es eine Zeit lang so, als bedeute eine Biographie als universitäre Qualifikationsschrift zumindest einen Karriereknick, vielleicht sogar „akademischen Selbstmord". Wenn überhaupt, dann widmeten sich arrivierte Lehrstuhlinhaber gegen Ende ihrer Laufbahn einer Lebensbeschreibung. Biographien galten als methodisch unzureichend reflektiert; ihre Aussagen versprachen nur begrenzten Erkenntnisgewinn. Andererseits stand und steht dieses Genre beim historisch interessierten Publikum hoch im Kurs. Akademische Geringschätzung auf der einen und eine große Lesergemeinde auf der anderen Seite – wie passt das zusammen?

„Die Frage nach dem Menschen in der Geschichte ist die Frage nach der Geschichte überhaupt", bekannte Theodor Schieder, der Biograph Friedrich des Großen, Mitte der sechziger Jahre[2]. Tatsächlich war die gelehrte Beschäftigung mit der Vergangenheit immer auch die Auseinandersetzung mit den Lebensgeschichten bedeutsamer Persönlichkeiten, wobei die Autoren zwischen zahlreichen Varianten der Darstellung wählen konnten. Bis weit in die Neuzeit hinein trugen Lebensbilder gleichermaßen das Gewand der Panegyrie, der Hagiographie, des Mythos und der frommen Legende. Hier finden sich die verborgenen Wurzeln des Spannungsverhältnisses von Historiographie und Biographik. Die Geschichtswissenschaft erweist und belegt die historischen Zusammenhänge, die

---

[1] Ulrich Raulff, Das Leben – buchstäblich. Über neuere Biographik und Geschichtswissenschaft, in: Christian Klein (Hrsg.), Grundlagen der Biographik. Theorie und Praxis des biographischen Schreibens. Stuttgart/Weimar 2002, S. 55–68, hier S. 55.
[2] Theodor Schieder, Strukturen und Persönlichkeiten in der Geschichte, in: ders. (Hrsg.), Geschichte als Wissenschaft. Eine Einführung, München/Wien 1965, S. 149–186, hier S. 157.

Biographik muss sie vielfach noch zusätzlich erspüren. Während es der Geschichtsschreibung gelungen ist, ihre Herkunft aus Mythos und Legende abzustreifen, haftet sie der Biographie bis heute an. Was bewegt die Biographen, wenn nicht der Wunsch nach einer teleologischen Deutung eines vergangenen Lebens? An dieser Stelle setzten Biographik und Autobiographik seit dem 16. Jahrhundert an. Der Mensch empfand sich zunehmend als selbstbestimmtes Individuum, das sich und seinem Gott Auskunft darüber zu geben hatte, inwieweit seine Lebenspraxis den Forderungen eines konfessionell bestimmten Lebensentwurfs entsprochen hatte oder als Vorbild und religiöse Unterweisung dienen konnte[3]. Doch erst das aufgeklärte 18. Jahrhundert entwickelte sich zum Zeitalter der Autobiographie. Der aufgeklärte Bildungs- und Entwicklungsroman geriet zum literarischen Zwilling der Biographie, zumal der Autobiographie. Reale Welt und Fiktion des Lebens tauchten ineinander und verschmolzen miteinander. Johann Gottfried Herder erkannte, dass die Biographie vorzüglich geeignet sei, bei der historisch und philosophisch orientierten Selbstvergewisserung des Individuums mitzuwirken. Damit postulierte er als erster das Gleichgewicht von Welt- und Ich-Erfahrung als erstrebenswertes Ideal der Lebensbeschreibung. Im Mittelpunkt stand die vorbildliche Persönlichkeit, in deren Vita sich gleichsam die Bruchlinien des Zeitalters spiegelten. Ähnlich wie in der Renaissance beförderte auch am Ende des 18. Jahrhunderts ein säkulares Krisenbewusstsein biographische Bemühungen als Mittel einer gesellschaftlichen Ortsbestimmung und Wegweiser in eine unsichere Zukunft[4]. Die Rückgebundenheit des Handelns an die Rationalität vernunftgeleiteter Entscheidungen wurde – zumal in der Epoche der Französischen Revolution – ebenso Ausdruck bürgerlichen Selbstwertgefühls wie das fortwährende seismographische Aufspüren der eigenen Gefühlsregungen.

Im 19. Jahrhundert, das die Geschichtswissenschaft zur politischen Leitdisziplin erhob, orientierte sich die biographische Würdigung historischer Persönlichkeiten zunächst am politisch interes-

---

[3] Vgl. Olaf Hähner, Historische Biographie. Die Entwicklung einer geschichtswissenschaftlichen Darstellungsform von der Antike bis ins 20. Jahrhundert Frankfurt a.M./Berlin 1999; Cornelia Rauh-Kühne, Das Individuum und seine Geschichte. Konjunkturen der Biographik, in: Andreas Wirsching (Hrsg.), Oldenbourg Geschichte Lehrbuch – Neueste Zeit, München 2006, S. 215–232, hier S. 224.
[4] Vgl. Helmut Scheuer, Die Biographie. Studien zu Funktion und zum Wandel einer literarischen Gattung vom 18. Jahrhundert bis zur Gegenwart, Stuttgart 1979, S. 9–53.

sierten Bürger und seiner Weltsicht. Mit vormärzlich-liberaler Zielsetzung gegen das protestantisch-hochkonservative Regiment Friedrich Wilhelms III. lässt sich dieser Ansatz in Franz Kuglers „Friedrich der Grosse", illustriert von Adolph Menzel, nachvollziehen[5]. Mit der gescheiterten Revolution von 1848 brach die Hoffnung des Bürgertums auf angemessene politische Repräsentation zusammen. In der zweiten Hälfte des 19. Jahrhunderts diente die Biographik in Anlehnung an Heinrich von Treitschkes berühmtes Diktum, dass „Männer Geschichte machen"[6], als Beleg für eine positivistische Fortschrittsgläubigkeit. Preußens deutsche Sendung spielte hierbei eine ebenso bedeutende Rolle wie die Vorstellung, dass der Weltgeist durch große Männer regiere[7]. Wurden Regenten, Politiker und Generäle zu Vollstreckern des historischen *telos* stilisiert, so setzte sich bei den Künstler- und Gelehrtenbiographien des ausgehenden 19. Jahrhunderts Wilhelm Diltheys ästhetisierende Sicht auf den „Lebensverlauf als Urzelle der Geschichte" durch, die er 1883 in seiner Abhandlung über den wissenschaftlichen Charakter der Biographie postuliert hatte. Die Niederungen des täglichen Lebens wurden geadelt durch den Bezug auf eine höhere Sphäre des Geistes, in der „eine eigene Macht des Erlebens und Verstehens, [...] über ihm steht und es sich gegenständlich macht"[8].

Das 19. Jahrhundert als Epoche bürgerlicher Selbstfindung und Individualisierung zeigte bereits vor der säkularen Katastrophe des Ersten Weltkriegs deutliche Erscheinungen geistiger Unbehaustheit. Die Industrialisierung löste bis dahin kohärente Vorstellungen von Bürgerlichkeit auf. Der Glaube an individuelle Gestaltungsfreiheit wurde zunehmend überlagert durch Ideologeme gleichgerichteter kollektiver Bewusstseinsprägungen. Milieu, Klasse und Nation verdrängten zunehmend die traditionellen Vorstellungen von einer kohärenten und konsistenten Ganzheit der Subjekte und ihrer Lebensentwürfe[9]. Der industrialisierte Massenkrieg mit seinen be-

---

[5] Vgl. Franz Kugler, Geschichte Friedrichs des Großen, Leipzig 1840. Das populäre Werk mit Illustrationen von Adolph Menzel erfuhr bis in die Gegenwart zahlreiche Neuauflagen.
[6] Heinrich von Treitschke, Deutsche Geschichte im 19. Jahrhundert, Bd. 1, Leipzig 1913, S. 28.
[7] Vgl. Jürgen Oelkers, Biographik – Überlegungen zu einer unschuldigen Gattung, in: NPL 19 (1974), S. 296–309.
[8] Wilhelm Dilthey, Die Biographie, in: ders. (Hrsg.), Der Aufbau der geschichtlichen Welt in den Geisteswissenschaften, Göttingen [5]1968, S. 246–251, hier S. 248.
[9] Vgl. Thomas Nipperdey, Einheit und Vielfalt in der neueren Geschichte, in: HZ 253 (1991), S. 1–20.

wusstseinsverändernden Erscheinungsformen anonymen Handelns und Sterbens richtete den Glauben an die gestaltende Kraft des Individuums endgültig zugrunde. Die von den großen Männern nicht verhinderte, sondern geradezu vollstreckte Menschheitskatastrophe ließ die tradierten Vorstellungen von einem sozial distinkten, selbstherrlichen, die Geschichte gestaltenden Subjekt obsolet werden. Der namenlose Held als ideologisch gedeutetes Vorbild, der unbekannte Frontkämpfer wurde zum politischen Helden[10].

Dennoch erfuhr die Biographie als Kunstgattung in den zwanziger Jahren des 20. Jahrhunderts, wiederum bedingt durch eine gesellschaftliche Krisenstimmung, die nach individualisierender Selbstvergewisserung drängte, eine massenhafte Renaissance, die der Publizist Siegfried Kracauer in einem scharfsinnigen Essay als Flucht des Bürgertums aus der Realität in die Erinnerung charakterisierte:

„Wie Auswanderer ihre Habseligkeiten zusammenraffen, so sammelt die bürgerliche Literatur den Hausrat, der bald nicht mehr die alte Stätte haben wird. Das Motiv der Flucht, dem die Unzahl der Biographien ihre Entstehung schuldet, wird von dem der Rettung überblendet. Wenn es eine Bestätigung für das Ende des Individualismus gibt, ist sie in dem Museum der großen Individuen zu erblicken. [...] Es gilt einen Bildersaal einzurichten, in dem sich die Erinnerung ergehen kann."[11]

In der NS-Zeit entstanden, dem Publikumsgeschmack entsprechend, zwar weiterhin zahlreiche Biographien, doch blieben sie im besten Fall der traditionellen episch-dokumentarischen Vorgehensweise verpflichtet. Nach dem Zweiten Weltkrieg erfolgte der Versuch einer methodischen Rückbesinnung, nicht aber einer Neuorientierung, wie das Beispiel Gerhard Ritters zeigt, der seine 1936 erstmals erschienene Friedrich-Biographie, von geringfügigen politisch notwendig gewordenen Veränderungen im Vorwort abgesehen, in den fünfziger Jahren erneut auf den Markt brachte. Seine Arbeiten zu Stein und Goerdeler, Eberhard Kessels Biographie über Moltke und schließlich Max Braubachs monumentales fünfbändiges Alterswerk über den Prinzen Eugen waren unbestreitbar Werke

---

[10] Vgl. Blaise Cendrars, La vie et la mort du soldat inconnu, hrsg. von Judith Trachsel, Paris 1995.
[11] Siegfried Kracauer, Die Biographie als neubürgerliche Kunstform, in: ders. (Hrsg.), Das Ornament der Masse. Essays, Frankfurt a.M. 1977, S. 75–80, hier S. 79.

stupender Gelehrsamkeit im Stile des 19. Jahrhunderts[12]. Erst der Generationswechsel gegen Ende der sechziger Jahre schien auch das Ende der von Fachhistorikern verfassten Biographien einzuläuten.

Das „Zeitalter der Massen", als das nicht nur Philosophen und Soziologen wie der Franzose Gustave Le Bon oder der Spanier José Ortega y Gasset das ausgehende 19. und 20. Jahrhundert charakterisierten, hatte vor allem in den historischen Sozialwissenschaften einen strukturgeschichtlichen Ansatz befördert, demzufolge nicht die Lebensleistung des Einzelnen, sondern kollektive Lebensgewohnheiten, milieu- und klassenbedingte Verhaltensformen gesteigertes Interesse fanden[13]. Auch die Erfahrungen mit totalitären Systemen hatten einer Entindividualisierung der Geschichte den Weg gebahnt. Folgerichtig galt die Biographie als historistisch und hoffnungslos antiquiert. Eine ganze Anzahl der in den sechziger, siebziger und frühen achtziger Jahren im deutschen Sprachraum erschienenen bedeutenden Biographien wie etwa Golo Manns „Wallenstein" oder Joachim Fests „Hitler" wurden bezeichnenderweise von Autoren verfasst, die außerhalb der Universitäten wirkten[14].

Mit der fortschreitenden Entzauberung des Sozialismus setzte zunächst in Frankreich ein Individualisierungsschub ein, der mit einer gewissen Verzögerung auch die deutsche Geschichtswissenschaft erreichte und der Biographieforschung neuen Schwung verlieh. In Frankreich hatte die Bewegung der „Annales" bereits in den zwanziger Jahren begonnen, Gegenpositionen zur dominierenden Diplomatie- und Ereignisgeschichte aufzubauen[15]. Ihre frühen Vertreter, wie etwa Lucien Febvre, waren methodisch durchaus in der Lage, Individuum und Struktur zusammenzudenken[16]. Auch

---

[12] Vgl. Gerhard Ritter, Friedrich der Große. Ein historisches Profil, Heidelberg [3]1954; weiterhin: Stein. Eine politische Biographie, 2 Bde., Stuttgart 1931 (neugestaltete Aufl. in einem Band, Stuttgart 1958); Carl Goerdeler und die deutsche Widerstandsbewegung, Stuttgart 1954; Eberhard Kessel, Moltke, Stuttgart 1957; Max Braubach, Prinz Eugen von Savoyen. Eine Biographie, 5 Bde., München 1963–1965.
[13] Vgl. Hans Erich Bödecker, Biographie. Annäherungen an den gegenwärtigen Forschungs- und Diskussionsstand, in: ders. (Hrsg.), Biographie schreiben, Göttingen 2003, S. 9–64, hier S. 10 f.
[14] Vgl. Golo Mann, Wallenstein, Frankfurt a.M. [3]1971, und Joachim Fest, Hitler. Eine Biographie, Berlin 1975.
[15] Vgl. Peter Burke, Offene Geschichte. Die Schule der „Annales", Berlin 1991.
[16] Vgl. Lucien Febvre, Martin Luther, Religion als Schicksal, Berlin/Wien 1976.

Fernand Braudel verband seinen strukturgeschichtlichen Ansatz von der *longue durée* mit individualhistorischen Aspekten, deren Bedeutung er nicht verleugnete, auch wenn er sie bisweilen aus den Augen verlor[17].

Seit Mitte der sechziger Jahre setzte sich in der französischen Geschichtswissenschaft eine einflussreiche Gruppe durch, welche die Erforschung serieller Quellen in den Mittelpunkt ihres Erkenntnisinteresses rückte. In ihren Arbeiten verschwand das Individuum zunehmend in der Struktur. Die Wertschätzung, die den historischen Sozialwissenschaften allenthalben zu Teil wurde, produzierte eine nicht zuletzt wissenschaftspolitische Frontstellung, in der Persönlichkeit und Struktur geradezu dichotomisch gegenübergestellt wurden. Dabei wurde ausgeblendet, was etwa Theodor Schieder, Marc Bloch oder Lucien Febvre als konstitutives Element biographischen Arbeitens erkannt hatten: die unauflösliche und dadurch erst fruchtbare Verbindung von historischem Subjekt und gesellschaftlichen Verhältnissen.

Die strukturalistische Betrachtung historischer Phänomene wandte sich zu Recht gegen die positivistische Deutung der Geschichte mit ihren reduktionistischen und häufig mystifizierenden Methoden. Andere Einwände gingen auf Johann Gustav Droysen zurück, der vor den Gefahren einer durch die konsistente Konstruktion einer Lebensgeschichte erzeugten biographischen Illusion gewarnt hatte[18]. Pierre Bourdieu, der diesen Begriff zum Gegenstand eines gelehrten Essays erhob, wird freilich missverstanden, wenn man ihm unterstellt, er habe damit die Erkenntnisfähigkeit von Biographien insgesamt geleugnet[19].

Bourdieu wendet sich in seiner pointierten Positionsbestimmung gegen die landläufige Vorstellung, „dass das Leben eine Geschichte ist und dass ein Leben immer zugleich die Gesamtheit der Ereignisse einer als Geschichte verstandenen individuellen Existenz und die Erzählung von dieser Geschichte ist". Bereits der Terminus Lebenslauf suggeriert eine zielgerichtete, lineare Entwicklung. Die Illusion vom Leben als Einheit und Totalität wird in den Erfahrungs- und Kontinuitätsbrüchen des 20. Jahrhunderts augenfällig

---

[17] Vgl. Fernand Braudel, Das Mittelmeer und die mediterrane Welt in der Epoche Philipps II., 3 Bde., Frankfurt a.M. 1990.

[18] Vgl. Johann Gustav Droysen, Grundriss der Historik. Nachdruck, Darmstadt 1974, S. 284 f.

[19] Vgl. Pierre Bourdieu, Die biographische Illusion, in: BIOS 1990, S. 75–81; das folgende Zitat findet sich ebenda, S. 77.

vorgeführt[20]. Zur Illustration dieses Sachverhaltes verwendet Bourdieu ein besonders eingängiges Bild: Der Versuch, das Leben eines Menschen als eindimensionale, lineare zielgerichtete Abfolge von Ereignissen zu betrachten, sei so abwegig wie der Versuch, eine Fahrt mit der Pariser Métro zu erklären, ohne die Struktur des Netzes zu berücksichtigen.

Die Dispositionen und Handlungen, ihre Spielräume und Grenzen, denen sich ein Individuum gegenübersieht, sind ohne die Strukturen, in denen sie sich vollziehen, nicht darstellbar. Struktur wird dabei als sozialer Raum, als die Summe der gegebenen anthropologischen, kulturellen, sozialen Bedingungsfaktoren und der Elemente ihres Wandels angesehen. Ein Mensch wendet bereits bei seinem Eintritt ins Leben ererbte und später vermittelte kulturelle Praktiken an, deren Gesamtheit einen bestimmten Habitus ergibt. Dieser erleichtert die Verortung im Milieu, das seinerseits ein tragfähiges soziales Netzwerk aus Normen und Werten bereitstellt[21]. Die biographische Deutung einer Existenz vermisst das Individuum in seinem sozialen Raum. Der Biograph analysiert den Lebensweg als Bestandteil eines engmaschigen Netzes individueller Dispositionen und gesellschaftlicher Beziehungen, wobei er sich eines komplexen methodischen Instrumentariums bedient.

Droysen hatte bereits in seiner 1858 entstandenen „Historik" in Bezug auf die Biographie festgestellt: „Das so geschaffene ist eine Totalität."[22] Der damit verbundene Anspruch ist freilich nur unter erheblichem Zeitaufwand einzulösen. Es erscheint daher durchaus gerechtfertigt, nur Abschnitte einer Lebensgeschichte zu untersuchen und diesen Ansatz als „politische Biographie" zu charakterisieren. Dieses Konzept erscheint mir gerade für die Darstellung eines individuellen Schicksals unter den Bedingungen sich inkohärent und inkonsistent verändernder Lebenswelten des späten 19. und 20. Jahrhunderts besonders fruchtbar zu sein.

Theodor Adorno hat in den fünfziger Jahren mit Blick auf die Epoche des Nationalsozialismus festgestellt, es gebe „kein richtiges Leben im falschen"[23]. Er wollte damit zum Ausdruck bringen, dass

---

[20] Vgl. Antonia Lengers, Deutscher Widerstand gegen den Nationalsozialismus, in: NPL 47 (2002), S. 249–276, hier S. 270.
[21] Vgl. Piere Bourdieu, Zur Soziologie symbolischer Formen, Frankfurt a. M. 1974, S. 125–158, hier S. 143.
[22] Droysen, Historik, S. 284 f.
[23] Theodor W. Adorno, Minima Moralia. Reflexionen aus dem beschädigten Leben, Berlin/Frankfurt a.M. 2001, S. 59.

in einem verbrecherischen System jeder in unterschiedlicher Intensität an der Erhaltung dieses Systems mitwirkt und damit Mitver-
antwortung und Mitschuld auf sich lädt. Träfe dies zu, so wäre das
Individuum durch die Struktur determiniert, es würde in ein falsches Leben hineingeworfen, aus dem es kein Entrinnen gäbe, was
es in letzter moralischer Konsequenz wieder schuldunfähig machen
würde. Das hat Adorno sicherlich nicht gemeint. Andererseits entwickelt sich die individuelle Existenz im Rahmen tradierter Verhaltensmuster und struktureller gesellschaftlicher Bedingungsfaktoren. In welchem Umfang sie determinierend wirken, ist im Einzelfall zu überprüfen[24].

Es gibt kein richtiges oder falsches Leben. Es gibt richtige und
falsche Entscheidungen im Leben, deren Bewertung sich dem Han-
delnden gemeinhin aus allgemeingültigen moralischen Kategorien
unmittelbar erschließt. Häufiger haben wir es aber mit situativen
Entscheidungen zu tun, die aus vergangenen Ereignissen, Prägungen und Deutungen resultieren, die auf den ersten Blick keine Verbindung zu einer aktuellen Situation zu besitzen scheinen. Dadurch
können objektiv bestehende Handlungsalternativen nicht wahrge-
nommen, Handlungsspielräume nicht erkannt und daher nicht in
vollem Umfang genutzt werden. Individuelle Entscheidungen sind
abhängig von multikausalen Bedingungsfaktoren, unter denen in
der Persönlichkeit angelegte, habituell verankerte und strukturell
beeinflusste schicht- oder gruppenspezifisch vorgegebene Verhaltensmuster wirksam werden. Lebensalter und Lebenserfahrung
nehmen Einfluss auf Einstellungen, die wiederum unter bestimmten politischen, sozialen und ökonomischen Rahmenbedingungen
individuelle Entscheidungsparameter verändern können. Angesichts der politisch-moralischen Umwertungen und Zusammenbrü-
che im 20. Jahrhundert spielen Sozialisation und Erfahrung bei der
Bewertung individueller Handlungsmöglichkeiten eine zentrale
Rolle. Manches, was dem ergebniskundigen Historiker selbstverständlich erscheint, war den Zeitgenossen nicht gleichermaßen bewusst.

Eine „biographie totale", die im Sinne Bourdieus die biographische Illusion vermeidet, bedarf des langen Atems. Solche Studien
sind nicht zwangsläufig die Domäne alter Männer. Gleichwohl ver-

---

[24] Ich habe diese Aussage im Lichte meiner eigenen Forschungen mit einem
Fragezeichen versehen; vgl. Bernhard R. Kroener, „Der starke Mann im Hei-
matkriegsgebiet". Generaloberst Friedrich Fromm. Eine Biographie, Paderborn u.a. 2005.

ändert sich mit dem Lebensalter des Forschers bisweilen auch die moralische Rigidität des Urteils, werden bestimmte Begrenztheiten der menschlichen Existenz abgewogener beurteilt. Die Wechselbeziehung von Persönlichkeit und Struktur in der Geschichte auszumessen, ist unabdingbar für ein vertieftes Verständnis historischer Abläufe. Insofern besitzt die Biographie ihren festen Platz im Methodenkanon der Geschichtswissenschaft. Der französische Mediävist Jacques Le Goff hat im Vorwort zu seiner Biographie über Ludwig den Heiligen, König von Frankreich, geschrieben, „die Biographie ist eine der schwierigsten Weisen Geschichte zu schreiben" – man möchte ergänzen, aber eine der anregendsten, spannendsten und befriedigendsten, weil sie von den Menschen als Individuen und historischen Persönlichkeiten handelt[25].

2. Die militärische Elite des deutschen Heeres zwischen Kaiserreich und NS-Herrschaft[26]

Unter Berücksichtigung der methodischen Prinzipien moderner Biographieforschung beziehen sich die folgenden Ausführungen auf die Führungsgruppe der deutschen Wehrmacht zwischen 1935 und 1945 unter besonderer Beachtung der Offiziere des Heeres. Wenn wir die Generalität als Positionselite ansehen, dann bedeutet das konkret, dass man die ältesten Generalobersten des Jahres 1935 ebenso wie die jüngsten Generalmajore des Jahres 1945 in den Blick zu nehmen hat. Damit bewegen wir uns auf der Skala der Geburtsjahrgänge zwischen 1875 und 1915. Lassen wir die jüngsten Offiziere, die bereits durch die nationalsozialistische Elitenselektion nach 1942 gefördert wurden, beiseite, so erhalten wir eine Kohorte aus den Jahrgängen 1875 bis 1905. Die Mehrzahl der Generäle während der NS-Zeit war in den beiden Jahrzehnten zwischen 1880 und 1900 geboren worden[27].

Angesichts der Heeresvermehrung nach 1890 war der Offizierersatz aus dem Adel allein nicht mehr ausreichend. Der „Adel der Gesinnung", den Wilhelm II. dem Adel der Geburt, wenn auch

---

[25] Jacques Le Goff, Saint Louis, Paris 1996, S. 14.
[26] Die nachstehenden Ausführungen beruhen auf meinen Studien über Generaloberst Friedrich Fromm, so dass auf Einzelnachweise verzichtet wurde. Vgl. Kroener, Generaloberst Friedrich Fromm.
[27] Vgl. hierzu Reinhard Stumpf, Die Wehrmacht-Elite. Rang- und Herkunftsstruktur der deutschen Generale und Admirale 1933–1945, Boppard a.Rh. 1982.

nicht gleichberechtigt, zur Seite stellte, stammte aus den Kreisen des gehobenen Bürgertums und zeichnete sich durch akademische Bildung sowie Besitz aus. Am Vorabend des Ersten Weltkriegs waren bereits 70 Prozent der Berufsoffiziere bürgerlicher Herkunft. Ihre Väter waren Akademiker, Pfarrer, höhere Beamte, Gymnasiallehrer und natürlich auch Offiziere.

Diese nichtadeligen Offiziere wurden durch die Dynastie sozial, aber nicht materiell aufgewertet. Betrachten wir die Herkunft, so stellte der Aufstieg im Staatsdienst die zentrale Gemeinsamkeit dar. Damit wurde Autoritätsgläubigkeit bisweilen bis zur Hörigkeit gesteigert. In Bezug auf die Jugendjahre der späteren Offiziere lässt sich durchaus von einer „hermetischen Erziehung" sprechen. Blickt man auf das Wohnumfeld ihrer Familien in Berlin, so liegen die entsprechenden Quartiere nicht in den großbürgerlichen Bezirken, sondern in denen mit einem hohen Anteil an Angestellten und Beamten. Die bürgerliche Homogenität der Wohnverhältnisse ließ eine kritische Auseinandersetzung mit den brennenden sozialen Fragen der Zeit nicht aufkommen, es sei denn, die Diskussionen wurden im Elternhaus gepflegt. Die Schulen lagen in der Regel im Einzugsbereich dieser Wohnquartiere. Auch hier fand eine soziale Selektion statt. Mehr noch: der Charakter der Schule als Anstalt korrespondierte mit den pädagogischen Leitvorstellungen des Wilhelminismus. Schularchive sind eine reiche Quelle – ein Blick auf die Berufswünsche der Abiturienten lässt den erstaunlichen Befund zu Tage treten, dass nur ein ganz geringer Teil der Absolventen die Absicht erkennen ließ, Berufsoffizier zu werden. Gerade in den großen Residenz- und den Universitätsstädten gab es offenbar sozial und ökonomisch attraktivere Perspektiven als den Militärdienst; in kleineren Städten und auf dem Land lagen die Verhältnisse freilich anders.

Mit dem Abitur waren die Grundlagen der politischen Sozialisation gelegt, mit der Wahl der Waffengattung begann die spezifisch militärische. Angesichts der finanziellen Situation der meisten bürgerlichen Familien zukünftiger Offiziere schieden Garde- und Reiterregimenter sowie besonders traditionsreiche Regimenter meist aus, zumal Kommandeure und Offizierkorps auf ihrem Privileg bestanden, sich ihren Nachwuchs selbst auszusuchen. Die Wahl des Regiments nach den finanziellen Möglichkeiten und der sozialen Position der Eltern führte dazu, dass die operative Elite der späteren Wehrmacht in der Regel der Infanterie und die organisatorische Elite der Feldartillerie entstammte. Wir finden innerhalb der militärischen Elite der dreißiger Jahre verhältnismäßig wenige Kavalleristen und kaum Angehörige der Gardeformationen.

Mit dem Eintritt in das Regiment begann der militärische Formationsprozess des Individuums, dessen Ziel es war, die Persönlichkeit der Funktion unterzuordnen. Diese Feststellung, die man auch als „Hauptmann-von-Köpenick-Syndrom" bezeichnen mag, erscheint auf den ersten Blick als Binsenweisheit. Was aber häufig übersehen wird, ist, dass mit der Formation des Körpers die des Geistes und des Charakters einherging, die den jungen Offizieranwärter in einer entwicklungsoffenen Phase seines Lebens traf und alle Lebensbereiche erfasste. In ihren Tagebüchern, Korrespondenzen und Erinnerungen sprechen die Offiziere häufig davon, dass sie eine „Maske" trügen, dass sie eine Rolle auszufüllen hätten, die ihnen mit der Uniform auf den Leib geschneidert worden sei. Die Intensität der Internalisierung von ritualisierten Verhaltensformen gilt es im Einzelfall auszumessen.

Die bereits in Elternhaus und Schule angelegte politische Orientierung der jungen Offiziere lässt sich als nationalkonservativ beschreiben, wobei der Reichsgedanke eine besondere Rolle spielte. Eine bürgerliche Bismarckverehrung korrespondierte vielfach mit einer nachrangigen Orientierung an der Dynastie; allerdings sind hier regionale Unterschiede zu beobachten. Die grundlegende politische Sozialisation erfolgt zwischen dem 17. und dem 20. Lebensjahr, das heißt für unsere Offiziergruppe in den Jahren zwischen 1900 bis 1920. Obwohl wir es nur mit etwa 20 Geburtsjahrgängen zu tun haben, liegen in dieser Phase mindestens zwei gravierende Erfahrungsbrüche: Die älteren (1880 bis 1890) wurden mit der Entzauberung des Kaiserkults konfrontiert, die Jahrgänge ab 1890/95 mit dem Ersten Weltkrieg und dem Zusammenbruch von 1918. Die militärische Sozialisation des Offiziers war in der Regel mit der Beförderung zum Hauptmann abgeschlossen. Die älteren Mitglieder der hier untersuchten Gruppe hatten diese Hürde noch vor Kriegsbeginn genommen, die Mehrzahl erreichte diesen Dienstgrad während des Krieges; nur die Jüngsten wurden erst 1918 oder unmittelbar nach dem Waffenstillstand zum Hauptmann befördert.

Angesichts der erheblichen Verluste in den ersten Kriegsmonaten begann die militärische Personalführung nach 1915, die jungen, leistungsfähigen Berufsoffiziere weitgehend aus dem Frontdienst herauszuziehen und sie in der mittleren Adjutantur und im Stabsdienst zu verwenden. Für fast alle folgte nach 1916 die Generalstabskurzausbildung in Sedan mit anschließendem Generalstabsdienst. Hier wurden nicht die charismatischen Frontoffiziere, die markanten Stoßtruppführer, sondern die geschmeidigen Stabs- und Bürooffiziere der Zukunft herangebildet. Bei ihnen harmonierte vielfach Prägung und Verwendung.

Der Zusammenbruch des Kaiserreichs stellte für diese Offiziere mehr als nur einen politischen Systemwechsel dar, er wurde als grundlegender Kulturbruch empfunden. Die Jahre 1918 bis 1920 bilden den großen Umsteigebahnhof in unserem biographischen Streckennetzplan. Einige stiegen aus, weil ihre politisch-soziale Fahrkarte ihre Gültigkeit verloren hatte. Jüngere Frontoffiziere, denen die Stabstätigkeit versagt geblieben war, stiegen auf andere Linien um, die sie über verschiedene Stationen – paramilitärische Aktivitäten oder nationale Wehrverbände – in radikale Vororte führten. Die Bedeutung der individuellen Entscheidung und der Grad ihrer Autonomie erschließt sich nur in der Relationalität in Bezug auf andere Entscheidungen im sozialen Feld. Es bestand also durchaus die Möglichkeit, aus einem richtigen oder falschen Lebensentwurf auszusteigen.

Der Putschversuch von älteren Offizieren im Jahr 1920 erfolgte im Kontext ihrer verinnerlichten Positionsbestimmung als politische Herrschaftselite, wobei der Rückgriff auf historische Vorbilder (Tauroggen, Befreiungskriege) von erheblicher Bedeutung war. Dieser bewusste Rückgriff lässt erkennen, dass die Vorstellung von einer politisch-militärischen Elite an den Stufen des Thrones sich seit ihrer Entstehung im 19. Jahrhundert nicht geändert hatte. Der Kapp-Lüttwitz-Putsch scheiterte an gesellschaftlichem Attentismus ebenso wie an massenhafter Verweigerung. Für die jungen Hauptleute und Stabsoffiziere wurde dies zu einer prägenden Erfahrung.

Die militärische Wiedergeburt des Reichs blieb ihr langfristiges Ziel, doch auf dem Weg dahin wurde der Primat der Politik als Garant der staatlichen Einheit nicht mehr in Frage gestellt. Das eingeübte autoritätsfixierte Rollenspiel funktionierte, die Maske saß fest. Weder 1923/24, als der Chef der Heeresleitung, General Hans von Seeckt, die vollziehende Gewalt wieder in die Hände des Reichspräsidenten zurücklegte, noch im Winter 1932, als die Reichswehr im Planspiel Ott einen Militärputsch ohne Massenbasis als undurchführbar erklärte, rückte die militärische Elite von ihrer selbstgewählten Beschränkung ab. Insofern erstaunt es nicht, dass der sterbende Generaloberst Kurt von Hammerstein-Equord, ein wirklicher Regimegegner der ersten Stunde, noch 1943 die dem militärischen Widerstand nahestehenden Offiziere beschwor: „Kinder, macht mir um Himmels willen keinen Kapp-Putsch". In diesem Punkt bestand eine Teilidentität der Erfahrung, welche die Generalität des Zweiten Weltkriegs mehrheitlich von den jungen, in der Reichswehr sozialisierten Stabsoffizieren trennte. Den Primat der Politik zu tolerieren, dürfte der militärischen Elite umso leichter gefallen sein, als die politisch Verantwortlichen der Weimarer Republik – vom national-

sozialistischen Regime ganz abgesehen – mit den langfristigen Ziel-
vorstellungen der Militärs durchaus sympathisierten oder sich
dieses sogar zu eigen gemacht hatten.

Auch die Bedeutung und Bindekraft des persönlichen Eides
muss vor dem Hintergrund der Desillusionierung 1918 und den
entpersonalisierten und überzeitlichen Reichsvorstellungen der
Offiziere bewertet werden. Auch in diesem Fall war es entschei-
dend, welcher Generation ein Offizier angehörte. Biographische
Untersuchungen erhalten über entsprechende Langzeitbeobach-
tungen und parallele Überlieferungen eine größere interpretatori-
sche Tiefenschärfe. Der Historiker sollte sich hier von nachzeitigen
Entschuldungsversuchen nicht täuschen lassen.

Ende der zwanziger Jahre standen die Angehörigen unserer Offiziergruppe in den Dienstgradgruppen der Majore und Oberstleut-
nante; sie fungierten als Referenten im Reichswehrministerium, als
Bataillons- oder – wenig später – als Regimentskommandeure. Damit wird die Quellenüberlieferung ihres dienstlichen Handelns
dichter. Vielfach setzen politische Biographien an dieser Stelle ein.
Das ist forschungspraktisch legitim, doch stellt sich nach dem bisher
Dargelegten die Frage, ob auf diese Weise Persönlichkeit und Motivation eines Individuums wirklich zutreffend einzuschätzen sind.
Der mittlerweile zwischen vierzig und fünfzig Jahre alte General-
stabsoffizier zählte zur Leistungselite seiner Altersgruppe, nicht
zuletzt weil er gelernt hatte, anpassungsfähig, geschmeidig und ver-
schlossen zu sein. Innerhalb des nur viertausend Köpfe zählenden
Offizierkorps der Reichswehr mit langen Stehzeiten, die gerade für
Familienväter eine erhebliche Härte bedeuteten, wurde ein zäher
Kampf um Rangdienstalter, Beförderung und Position geführt. Man
kannte sich, man begegnete sich, man sondierte die Schwächen des
anderen und suchte die eigenen geschickt zu verbergen. Viele zwi-
schenmenschliche Unzuträglichkeiten, ja Feindschaften zwischen
Generälen der Wehrmacht haben hier ihre Ursache. Das Offizierkorps der Reichswehr war zumindest in seiner Spitzengruppe keine
verschworene Gemeinschaft. Diese Verhaltensmuster sind innerhalb gesellschaftlicher Gruppen, die unter starkem sozialen Binnen-
druck stehen, durchaus üblich. Für eine militärische Elite, die unter
erheblichen ideologischen Anpassungszwängen ihre Position in
einem zunehmend gleichgeschalteten politischen Milieu zu verteidigen hat, stellen sie jedoch eine denkbar schlechte Ausgangslage
für abweichendes Verhalten oder gar Widerstand dar.

Es wäre zweifellos sehr reizvoll, die Entwicklung der Reichswehr
zur Wehrmacht und ihre Stellung innerhalb des Systems auch als
Ergebnis gruppendynamischer Prozesse eingehender zu betrach-

ten. Hier sollen jedoch einige Schlaglichter genügen. Der General-
stab des Heeres, der sich traditionell als der heilige Gral deutscher
operativer Planung verstand, hatte den Krieg gegen Frankreich
1939/40 zunächst in der Tradition des Ersten Weltkriegs geplant,
wobei man angesichts der Ausbildungs- und Ausrüstungsmängel
der Wehrmacht mit einem Festlaufen der Operationen auf gegneri-
schem Territorium rechnete. In dieser Situation traten zwei Trup-
pengeneralstabsoffiziere der nachgeordneten Führungsebene auf:
Erich von Manstein und Heinz Guderian erklärten, man könne mit
mechanisierten Verbänden durch den Mittelgebirgsgürtel von Eifel
und Ardennen an die Nahtstelle des französischen Festungsgürtels
an der Maas vorstoßen, die Linien des Gegners dort durchbrechen
und ins französische Hinterland eindringen. Dieser Affront wurde
vom Chef des Generalstabs zunächst durch Nichtachtung gestraft,
sodass sich die beiden Offiziere veranlasst sahen, direkt bei Hitler
vorzusprechen, dem damit eine Schiedsrichterposition in operati-
ven Fragen zuerkannt wurde. Es waren die Militärs selbst, die dem
Diktator ein Entscheidungsrecht in ihrem eigenen Verantwortungs-
bereich einräumten. Das gleiche wiederholte sich beim Haltebefehl
vor Dünkirchen. Jetzt war es der Heeresgruppenbefehlshaber Gerd
von Rundstedt, der sich als militärischer Traditionalist der älteren
Generation der Rückendeckung Hitlers versicherte, um die Selb-
ständigkeit des Frontbefehlshabers gegenüber der zentralen opera-
tiven Führungsebene zu behaupten. Unzeitgemäßer Ressortegois-
mus, individuelle Machtsicherung und die Sehnsucht nach einem
Obersten Kriegsherrn, der die Einheit von Politik und Kriegführung garantierte, standen bei solchen Entscheidungen ebenso Pate
wie innermilitärische Netzwerke und persönliche Animositäten. Die
Geschichte des Haltebefehls lässt erkennen, dass unter bestimmten
Bedingungen Persönlichkeit, Lebensalter, Erfahrungshorizont und
Rangbewusstsein Einfluss auf Strukturentwicklungen nehmen
konnten. Nicht Hitler zwang dem Befehlshaber seine Auffassung
auf, die militärischen Führer schwächten in eigensüchtiger Wah-
rung ihrer Führungsposition das OKH nachhaltig. Nicht Hitler
instrumentalisierte die militärischen Befehlshaber, sie selbst nutzten
das Prestige des Staatschefs zur Durchsetzung ihrer Ziele. Die Militärs wurden so zum eigentlichen Geburtshelfer des Mythos vom
„größten Feldherrn aller Zeiten" und hatten damit alle fatalen Folgen zu verantworten, die ihnen daraus entstehen sollten.

Abkürzungen

ACS	Archivio Centrale dello Stato, Rom
AKG	Archiv des Kameradenkreises der Gebirgstruppe
AUSSME	Archivio dell'Ufficio Storico dello Stato Maggiore dell'Esercito, Rom
BAB	Bundesarchiv, Berlin
BAK	Bundesarchiv, Koblenz
BAL	Bundesarchiv, Ludwigsburg
BA-MA	Bundesarchiv-Militärarchiv, Freiburg i. Br.
BDM	Bund Deutscher Mädel
CSIR	Corpo di Spedizione Italiano in Russia
Gestapo	Geheime Staatspolizei
GuG	Geschichte und Gesellschaft
HAVS	Archiv des Hessischen Amtes für Versorgung und Soziales, Wiesbaden
HHStA	Hessisches Hauptstaatsarchiv, Wiesbaden
HZ	Historische Zeitschrift
IfZ- Archiv	Archiv des Instituts für Zeitgeschichte, München
i.G.	im Generalstab
IR	Infanterieregiment
KTB	Kriegstagebuch
KZ	Konzentrationslager
MGM	Militärgeschichtliche Mitteilungen
mot.	motorisiert
NKWD	Volkskommissariat für innere Angelegenheiten der Sowjetunion
NPL	Neue Politische Literatur
NS	Nationalsozialismus, nationalsozialistisch
NSDAP	Nationalsozialistische Deutsche Arbeiterpartei
OKH	Oberkommando des Heeres
OKW	Oberkommando der Wehrmacht
PRO	Public Record Office, London
RSI	Repubblica Sociale Italiana
StA	Staatsarchiv
Stalag	Stammlager
VfZ	Vierteljahrshefte für Zeitgeschichte
WK	Wehrkreis
ZfG	Zeitschrift für Geschichtswissenschaft

Autoren

Dr. Birgit Beck-Heppner (1971), 2003–2006 Oberassistentin für Neuere und Neueste Geschichte am Historischen Institut der Universität Bern.

Dr. Hermann Graml (1928), 1976–1993 Chefredakteur der Vierteljahrshefte für Zeitgeschichte, freier Mitarbeiter am Institut für Zeitgeschichte München-Berlin.

Dr. Christian Hartmann (1959), wissenschaftlicher Mitarbeiter am Institut für Zeitgeschichte München-Berlin, stellvertretender Chefredakteur der Vierteljahrshefte für Zeitgeschichte, Lehrbeauftragter an der Universität der Bundeswehr München.

Dr. Johannes Hürter (1963), wissenschaftlicher Mitarbeiter am Institut für Zeitgeschichte München-Berlin, Redakteur der Schriftenreihe der Vierteljahrshefte für Zeitgeschichte, Privatdozent an der Johannes Gutenberg-Universität Mainz und Lehrbeauftragter an der Universität der Bundeswehr München.

Dr. Bernhard Kroener (1948), Professor für Militärgeschichte an der Universität Potsdam, Dekan der Philosophischen Fakultät, Herausgeber des Teilgebiets „Krieg" in der Enzyklopädie der Neuzeit.

Dr. Peter Lieb (1974), Senior Lecturer an der Royal Military Academy Sandhurst, 2001–2005 Mitarbeiter im Projekt „Wehrmacht in der NS-Diktatur" am Institut für Zeitgeschichte München-Berlin, Research Fellow an der University of Salford (GB).

Dr. Amedeo Osti Guerrazzi (1967), Lehrbeauftragter am Lehrstuhl für Neueste Geschichte der Universität „La Sapienza" in Rom, 2003 Stipendiat des Deutschen Historischen Instituts in Rom, arbeitet derzeit an einem Forschungsprojekt zur Geschichte des Antifaschismus in Modena.

Dr. Reinhard Otto (1950), Oberstudienrat, 2000–2005 wissenschaftlicher Leiter eines deutsch-russisch-weißrussischen Forschungsprojekts zur Erschließung der Karteiunterlagen sowjetischer Kriegsgefangener, 1999–2006 Leiter der Dokumentationsstätte Stalag 326 Senne.

Dr. Christoph Rass (1969), wissenschaftlicher Assistent am Lehr- und Forschungsgebiet Wirtschafts- und Sozialgeschichte der Rheinisch-Westfälischen Technischen Hochschule Aachen; Forschungsschwerpunkte: Sozialgeschichte der Wehrmacht; europäische Arbeitsmigration im 20. Jahrhundert.

Felix Römer M.A. (1978), Doktorand an der Universität Kiel und Stipendiat der Gerda Henkel Stiftung, arbeitet derzeit an einer quantifizierenden Untersuchung über die Umsetzung des Kommissarbefehls 1941/42.

Dr. Thomas Schlemmer (1967), wissenschaftlicher Mitarbeiter am Institut für Zeitgeschichte München-Berlin, 2001–2005 wissenschaftlicher Mitarbeiter am Deutschen Historischen Institut in Rom, Redakteur der Reihe „Zeitgeschichte im Gespräch", Lehrbeauftragter an der Ludwig-Maximilians-Universität München.